Helen Arling
Thomas Diehn

Staatsrecht

Arling, Helen / Diehn, Thomas:
Staatsrecht: 83 Klausurprobleme / von Helen Arling und Thomas Diehn
– 3. Auflage – Dänischenhagen: Richter Verlag, 2025 (Streitstände Kompakt)
ISBN 978-3-935150-83-5

3. Auflage 2025

ISBN 978-3-935150-83-5

Die Aufsichtsarbeit im Staatsrecht

Staatsrechtliche Klausuren sind unbeliebt: zu abstrakt, keine subsumtionsfähigen Vorschriften, fehlende Prüfungsschemata. Sie bieten jedoch auch große Chancen: **Erstens** wird im Staatsrecht nicht so viel Detailwissen verlangt wie etwa wie bei einem Klassiker des Polizeirechts. Die Maßstäbe sind weniger streng; der Schlüssel zum Erfolg sind **Verständnis** und eine **gute Argumentation**, nicht auswendig gelerntes Wissen! Beides zu schulen soll Aufgabe dieses Skripts sein. **Zweitens** ist das Verfassungsrecht die Basis des gesamten Öffentlichen Rechts. Ohne fundierte staatsrechtliche Kenntnisse lassen sich viele verwaltungsrechtliche Probleme nicht richtig ausloten. Deshalb ist es nicht empfehlenswert, in diesem Kernbereich auf **Lücke** zu setzen.

Staatsrechtliche Aufgabenstellungen haben häufig **einmalige Probleme der Verfassungswirklichkeit** zum Gegenstand. Daher ist es gerade im Staatsorganisationsrecht und bei den Grundrechten wichtig, sich ständig über das aktuelle politische Geschehen sowie wichtige Urteile des Bundesverfassungsgerichts zu informieren. Dennoch gibt es auch im Staatsrecht **Standardprobleme** und **klassische Argumentationsmuster**. Diese gehören zum Repertoire eines jeden Examenskandidaten. Deren Kenntnis erlaubt es, auch unbekannte Problemstellungen zu lösen. Das Ziel dieses Materials ist es nicht in erster Linie, eine umfassende Darstellung aller existierenden Meinungen zu einem bestimmten Problem zu bieten. Vielmehr soll ein Verständnis für den Grund des Meinungsstreits geschaffen und aufgezeigt werden, wie man dem Korrektor oder der Korrektorin mit ein, zwei treffenden Argumenten eine überzeugende Lösung darbietet. Häufig geht es bei staatsorganisationsrechtlichen Problemen nur darum, dass Sie das Spannungsverhältnis von zwei widerstreitenden Prinzipien herausarbeiten: Noch weniger als in anderen Rechtsgebieten kommt es nämlich im Staatsorganisationsrecht auf das von ihnen vertretene Ergebnis an. **Der Weg ist das Ziel!**

Seien sie sich darüber im Klaren, dass dieses Skript keine Grundkenntnisse vermittelt. Diese müssen wir vielmehr voraussetzen. Es handelt sich hier um ein **Positiv-Skript**: Es soll ihnen helfen, in der Klausur durch eine gute Argumentation viele Punkte zu sammeln. Gerade staatsorganisationsrechtliche Aufgabenstellungen beschränken sich oft auf **wenige Schwerpunkte**. Diese gilt es zu erkennen und überzeugend zu lösen. Halten Sie sich nicht an unproblematischen Punkten auf! Das kostet Zeit und nervt im Zweifel den Korrektor.

Die Auswahl der Streitstände orientiert sich sowohl an deren Examensrelevanz als auch an didaktischen Zielen: Sie sollen nach Lektüre des Bandes die verschiedenen **Argumentationsmuster** und Typen von Problemlagen kennen, so dass auch **unbekannte Fälle** ihren Schrecken verlieren.

Zur Unterstützung Ihres Gedächtnisses haben wir uns bemüht, Ihnen – wo möglich – Stichwörter an die Hand zu geben. Versuchen Sie, Ihr Gedächtnis zu entlasten, indem Sie die Problemlage verstehen und sie in der Klausur mit Hilfe dieser **Merkwörter** jeweils neu rekonstruieren. Man kann nicht alles auswendig lernen. Sie müssen für sich ein System finden, die Stofffülle zu bewältigen; das konsequente Lernen mit Stichwörtern ist eine Möglichkeit.

Gegenüber der Vorauflage haben sich weitreichende inhaltliche Änderungen vor allem durch die **Wahlrechtsreform** ergeben, deren Verfassungsmäßigkeit weitestgehend, aber nicht vollumfänglich vom BVerfG bestätigt wurde. Insbesondere in diesem Bereich befinden sich das geltende Recht und entsprechende Streitstände also noch im Fluss. Auch ist zu beachten, dass **Art. 93 und 94 GG** durch Gesetz vom 20.12.2024 (BGBl 2024 I Nr. 439) geändert wurden, sodass sich die bei Erscheinen dieses Skripts vorhandene Literatur weitestgehend noch auf die alte Fassung der beiden Normen beziehen wird.

Dieses Skript ist für Sie geschrieben! Es soll Ihnen helfen, gute staatsrechtliche Klausuren zu schreiben. Deshalb sind wir sehr daran interessiert, dass Sie uns auf Defizite und **Verbesserungsmöglichkeiten** aufmerksam machen. Diese erreichen uns **per E-Mail** unter

staatsrecht@juristische-streitstaende.de.

Bitte besuchen Sie auch die Streitstände Homepage:

www.juristische-streitstaende.de

Guten Lernerfolg bei der Lektüre!

Trier/Hamburg im Januar 2025

Helen Arling
Dr. Thomas Diehn

Inhalt

Seite

DIE AUFSICHTSARBEIT IM STAATSRECHT ____ III

INHALT ____ V

Allgemeine Grundrechtslehren ____ 1

Besondere Grundrechtslehren ____ 13

Verfassungsgrundsätze ____ 32

Wahlen und Parteien ____ 42

Organe des Bundes ____ 54

Staatsfunktionen und Kompetenzverteilung ____ 74

Grundgesetz und auswärtige Gewalt ____ 101

Verfassungsprozessrecht ____ 111

PROBLEMINDEX ____ 121

STICHWORTVERZEICHNIS ____ 124

Allgemeine Grundrechtslehren

Die Grundrechte sind in der Staatsprüfung die **wichtigste Materie des öffentlichen Rechts**. Bedeutung erlangen sie nicht nur in Klausuren, die explizit eine Verfassungsbeschwerde zum Gegenstand haben, sondern auch in vielen verwaltungsrechtlichen Fragestellungen. Sicherheit bei der Prüfung der Grundrechte ist daher unabdingbar für den Erfolg im Staatsexamen.

Die Lehre von den Grundrechten besteht aus einem **allgemeinen und einem besonderen Teil**. Während letzterer sich mit den einzelnen Grundrechten beschäftigt und im nächsten Abschnitt behandelt werden soll, stellen die allgemeinen Grundrechtslehren übergreifende Prinzipien auf, die für alle Grundrechte Geltung beanspruchen.

Dazu zählen so diverse Fragestellungen wie die Bestimmung von **Grundrechtsberechtigten und -verpflichteten**, die **allgemeine Struktur** der Grundrechtsprüfung (Schutzbereich, Eingriff, Rechtfertigung) oder das **Verhältnismäßigkeitsprinzip**. Wenn in diesem Zusammenhang **Streitfragen** zu diskutieren sind, dann kann dies im Aufbau **an zwei Stellen** geschehen: zum einen in der Grundrechtsprüfung selbst (s. etwa **STREITSTAND 5** zum Eingriffsbegriff), zum anderen auch bereits in der Zulässigkeitsprüfung. So kann etwa die Frage nach dem Grundrechtsberechtigten bereits in der Beschwerdefähigkeit diskutiert werden.

Im Einzelnen:

		Seite
1.	Privatwirkung der Grundrechte	2
2.	Geltung der Deutschen-Grundrechte für EU-Ausländer	3
3.	Grundrechtsberechtigung von Personen des öffentlichen Rechts	4
4.	Taugliches Verfassungsrecht zur Begrenzung von Grundrechten	6
5.	Faktische Grundrechtseingriffe	7
6.	Anwendbarkeit des Zitiergebots	8
7.	Inhalt der Wesensgehaltsgarantie	10
8.	Rechte zukünftiger Generationen	11

1 Privatwirkung der Grundrechte

Gemäß Art. 1 III GG binden die Grundrechte grundsätzlich nur die staatliche Gewalt. Dennoch können **Private** die **Grundrechte** bei ihren Handlungen **nicht völlig außer Acht lassen**. Umstritten ist jedoch,

Streitstand ⇨ **inwieweit Private durch die Grundrechte gebunden werden.**

a) Unmittelbare Drittwirkung der Grundrechte

Vereinzelt wird vertreten, dass die Grundrechte auch Private unmittelbar binden.

Argument:

- Die Grundrechte bilden eine **Wertordnung**, die auch im Verhältnis zwischen Privaten zu berücksichtigen ist.

b) Mittelbare Drittwirkung der Grundrechte

Überwiegend wird vertreten, dass Grundrechten **mittelbare Wirkung** zukomme. Sie würden den Richter oder die Richterin binden, der oder die diese bei der Auslegung des Privatrechts zu berücksichtigen habe.

Argumente:

- Nach Art. 1 III GG binden die Grundrechte nur die **staatliche Gewalt**.
- Richter sind Teil der staatlichen Gewalt und müssen die Grundrechte daher bei der Auslegung des Privatrechts berücksichtigen.

c) Schutzpflichtenlehre

Schließlich wird vertreten, dass dem Staat **Schutzpflichten** zukämen, den Einzelnen auch gegen Grundrechtseingriffe durch Dritte zu schützen.

Argument:

- Grundrechte sind nicht nur Abwehrrechte, sondern begründen auch eine **objektive Wertordnung**, die zu schützen der Staat verpflichtet ist.

Hinweis

Die Theorie von der mittelbaren Grundrechtswirkung und die Schutzpflichtenlehre stehen nicht im Gegensatz zueinander, sondern sind komplementär. Es lässt sich gut vertreten, dass die Theorie von der mittelbaren Drittwirkung nur ein **Unterfall der Schutzpflichtenlehre** ist.

2 Geltung der Deutschen-Grundrechte für EU-Ausländer

Gem. Art. 18 AEUV dürfen EU-Ausländer im Geltungsbereich des EUV und des AEUV nicht schlechter behandelt werden als Deutsche. Dies betrifft auch den Grundrechtsschutz. Umstritten ist jedoch die Frage,

Streitstand ⇨ **wie der Grundrechtsschutz der EU-Bürger dogmatisch zu begründen ist.**

a) Erstreckung der Deutschen-Grundrechte auf EU-Bürger

Teilweise wird vertreten, dass **EU-Bürger** Deutschen bei den Grundrechten mit Deutschen-Vorbehalt **interpretatorisch gleichzustellen** sind.

Argumente:

- Das Gemeinschaftsrecht hat **Vorrang** gegenüber dem nationalen Verfassungsrecht, so dass letzteres **europarechtskonform auszulegen** ist.
- Die Lösung über Art. 2 I GG führt bei Abwehrrechten zu ähnlichen Ergebnissen, kann aber eine Erstreckung von Leistungsrechten nicht begründen.

b) Materiellrechtliche Verstärkung von Art. 2 I GG

Der Gegenposition zufolge sind die **materiellen Gehalte** der Deutschen-Grundrechte **in Art. 2 I GG hineinzulesen**, so dass den EU-Bürgern ein vergleichbarer materieller Schutz durch die allgemeine Handlungsfreiheit gewährt wird. Dabei sollen auch die Schranken der Deutschengrundrechte auf Art. 2 I GG übertragen werden, sodass der Grundrechtsschutz von EU-Ausländern dem von Deutschen gleichgestellt ist.

Argumente:

- Eine europarechtskonforme **Auslegung gegen den Wortlaut** ist unmöglich.
- Das Europarecht macht nur Vorgaben hinsichtlich des Ergebnisses, nicht hinsichtlich der konkreten rechtlichen Konstruktion. **Art. 2 I GG bietet denselben Schutz**, vermeidet aber eine Auslegung gegen den Wortlaut.

Hinweis

- Die Entscheidung dieses Streits wird oft dahinstehen können, da beide Lösungen sich im Ergebnis zumeist nicht unterscheiden. Dennoch sollten Sie mit dem Hintergrund dieser Kontroverse vertraut sein.

3 Grundrechtsberechtigung von Personen des öffentlichen Rechts

Juristische Personen gibt es nicht nur im Privatrecht. Vielmehr gibt es verschiedene **Körperschaften des öffentlichen Rechts**, denen Rechtspersönlichkeit zukommt, etwa Gemeinden oder Universitäten. Fraglich ist jedoch,

Streitstand ⇨ **ob diese als Teil der Staatsgewalt grundrechtsberechtigt sind.**

a) Volle Grundrechtsfähigkeit

Einigen Autoren zufolge müsse juristischen Personen des öffentlichen Rechts die **volle Grundrechtsfähigkeit** zukommen.

Argument:

- Der **Wortlaut von Art. 19 III GG** differenziert nicht zwischen juristischen Personen des Privatrechts und solchen des öffentlichen Rechts.

b) Keine Grundrechtsfähigkeit

Demgegenüber wird juristischen Personen des öffentlichen Rechts die **Grundrechtsfähigkeit** teilweise ganz **abgesprochen**.

Argument:

- Grundrechte sollen den Einzelnen gegen den Staat schützen. Öffentlich-rechtliche Körperschaften kommen dagegen aus der staatlichen Sphäre, so dass eine Grundrechtsberechtigung letztlich nicht dem Individualschutz, sondern der **Umverteilung von Kompetenzen** dienen würde.
- Die parallele Existenz von Grundrechtsbindung und -berechtigung ist ausgeschlossen (sog. **Konfusionsargument**, vgl. Art. 1 III GG)

c) Eingeschränkte Grundrechtsfähigkeit

Die h.M. erkennt juristischen Personen grundsätzlich zwar keine Grundrechtsfähigkeit zu, macht jedoch dann eine Ausnahme, wenn eine **grundrechtstypische Gefährdungslage** vorliegt. Die Situation der juristischen Person wird dabei mit der einer Privatperson verglichen. Fälle, in denen eine solche grundrechtstypische Gefährdungslage anzunehmen ist, betreffen häufig bspw.. Rundfunkanstalten, Universitäten oder Religionsgemeinschaften.

Argumente:

- Die rechtliche Situation, in der sich eine juristische Person gegenüber dem Staat befindet, ist entscheidend für ihre Grundrechtsberechtigung.

- Einer solchen Grundrechtsberechtigung stehen Verfassungsnormen nicht entgegen.

4 Taugliches Verfassungsrecht zur Begrenzung von Grundrechten

Bei der Einschränkung vorbehaltloser Grundrechte ist umstritten,

Streitstand ⇨ **welche Normen des Verfassungsrechts immanente Schranken bilden können**

a) Gesamtes Verfassungsrecht

Nach der Rechtsprechung des BVerfG kann das **gesamte Verfassungsrecht** einschließlich der Kompetenzkataloge zur Einschränkung vorbehaltloser Grundrechte herangezogen werden.

Argument:

- Durch die Aufnahme einer Sachmaterie in die Kompetenzkataloge hat der Verfassungsgeber seine **Billigung des entsprechenden Ziels** zum Ausdruck gebracht.

b) Materielle Verfassungsnormen

Nach gewichtigen Stimmen in der Literatur können **nur materielle Verfassungsnormen**, insbesondere die Grundrechte zur Einschränkung vorbehaltloser Grundrechte herangezogen werden.

Argumente:

- Die Inhalte der Kompetenzkataloge entspringen oft **historischen Zufälligkeiten**. Dadurch dass bestimmte Politikfelder dem Bundesgesetzgeber und andere dem Landesgesetzgeber zugewiesen worden sind, sollte ersteren keine hervorgehobene Stellung eingeräumt werden
- Dadurch, dass einige Grundrechte vorbehaltlos gewährleistet werden, soll ihnen ein besonderer Schutz zukommen. Dieser **Schutz würde weitgehend entwertet**, wenn nicht nur materielle Verfassungsnormen, sondern auch Kompetenzvorschriften zur Einschränkung herangezogen werden könnten.

Literatur

Kingreen/Poscher, Grundrechte, 39. Aufl. 2023, Rn. 387 ff.

5 Faktische Grundrechtseingriffe

Klassischerweise muss ein Eingriff in Grundrechte rechtsförmig, imperativ, final und unmittelbar sein. Mittlerweile ist jedoch anerkannt, dass Eingriffe auch dann vorliegen können, wenn einzelne dieser Merkmale nicht vorliegen. Nach wie vor ist jedoch umstritten,

Streitstand ⇨ **inwieweit staatliche Warnungen, Empfehlungen und Hinweise Grundrechtseingriffe sind**

a) Bedingter Eingriffsbegriff

Das BVerfG unterscheidet zwischen dem klassischen finalen Eingriff und Beeinträchtigungen. Letztere haben nur eine mittelbar **faktische Wirkung** und stellen daher keinen Eingriff dar, wenn sie sich hinreichend rechtfertigen lassen.

Argument:

- Ein Eingriffsbegriff, der auch mittelbare und nicht zielgerichtete Beeinträchtigungen als Eingriffe behandelt, ist **zu unflexibel** und wird den modernen Herausforderungen, denen sich der Staat gegenübersieht, nicht mehr gerecht.

b) Faktisches Eingriffsverständnis

Die ganz überwiegende Auffassung in der Literatur geht davon aus, dass es sich bei staatlichen Warnungen und Empfehlungen, die Dritte beeinträchtigen, um einen faktischen Grundrechtseingriff handelt.

Argument:

- Die Lösung des BVerfG **vermengt die dogmatischen Kategorien** des Eingriffs und der Rechtfertigung.

Hinweise

- Im Einzelnen ist zu dieser Frage vieles umstritten. In der Klausur muss man nicht die einzelnen Ausdifferenzierungen kennen, sondern vielmehr ein Bewusstsein der zugrunde liegenden Problemlage haben.
- Hinter der Streitfrage steht letztlich das Problem, ob **staatliche Warnungen** eines **Gesetzesvorbehalts** bedürfen. Nach der Lösung des BVerfG reicht es aus, dass das die Warnung aussprechende Organ grundsätzlich mit dem entsprechenden Sachbereich betraut ist. Die Lösung der Literatur setzt dagegen das Bestehen einer konkreten gesetzlichen Grundlage voraus.

6 Anwendbarkeit des Zitiergebots

Das sogenannte Zitiergebot aus Art. 19 I 2 GG soll sicherstellen, dass sich der Gesetzgeber der einschränkenden Wirkung bestimmter Gesetze auf Grundrechte bewusst wird. Umstritten ist dabei,

Streitstand ⇨ **auf welche Grundrechte das Zitiergebot Anwendung findet.**

a) Beschränkung des Zitiergebots auf Grundrechte mit ausdrücklich formuliertem Einschränkungsvorbehalt

Vom BVerfG und einem Teil der Literatur wird vertreten, dass das Zitiergebot nur für Gesetze gilt, die ein Grundrecht **über die in ihm selbst angelegten Grenzen hinaus** einschränken sollen. So würden bspw. Art. 2 I GG, allgemeine Gesetze i.S.d. Art. 5 II GG, Art. 12 I GG, Art. 14 I und III GG sowie alle vorbehaltslos gewährleisteten Grundrechte aus dem Anwendungsbereich des Zitiergebots herausfallen.

Argumente:

- Eine sehr weite Auslegung des Zitiergebots würde dazu führen, dass der Form halber zahlreiche Grundrechte als durch ein Gesetz einschränkbar benannt werden und so dem **Zweck der Norm zuwiderlaufen**.
- Der Gesetzgeber soll insbesondere dort, wo er sich der Grundrechtsrelevanz seines Handelns ohnehin bewusst ist, in seiner Arbeit nicht unnötig behindert werden.

b) Weitere Auslegung des Zitiergebots

Teilweise wird vertreten, dass das Zitiergebot auch auf andere Grundrechte Anwendung zu finden habe.

Argumente:

- Vorbehaltslos gewährleistete Grundrechte fallen unter den **Wortlaut** des Art. 19 I 2 GG. Ebenso gebieten **Sinn und Zweck** des Zitiergebots die Anwendung auch auf vorbehaltslos gewährleistete Grundrechte.
- Auch die wortlautmäßigen Begrenzungen von Grundrechten wie Art. 5 II GG oder Art. 12 I GG stellen dem Inhalt nach **echte Gesetzesvorbehalte** dar.
- Offensichtlichkeit der Grundrechtsrelevanz von Gesetzen kann nicht begründen, dass eine Vernachlässigung des Zitiergebots zulässig ist.

Hinweis

Der Streit ist innerhalb einer Klausur regelmäßig nicht argumentativ zu entscheiden. Jedoch sollten Studierende wissen, dass zur Anwendbarkeit des Zitiergebots verschiedene Ansichten existieren.

7 Inhalt der Wesensgehaltsgarantie

Nach Art. 19 II GG darf ein Eingriff ein Grundrecht nicht in seinem Wesensgehalt antasten. Umstritten ist dabei,

Streitstand ⇨ **wie der Wesensgehalt zu bestimmen ist.**

a) Lehre vom absoluten Wesensgehalt

Teile der Literatur gehen davon aus, dass der Wesensgehalt eines Grundrechts in einer eingriffsresistenten, der Abwägung von vornherein entzogenen **Grundrechtssubstanz** besteht.

Argumente:

- Der **Wortlaut** lässt ein relatives Verständnis des Wesensgehaltes nicht zu.
- Ein relatives Verständnis setzt die Wesensgehaltsgarantie mit dem allgemeinen Übermaßverbot gleich.

b) Lehre vom relativen Wesensgehalt

Nach der Gegenauffassung soll die Wesensgehaltsgarantie nur sicherstellen, dass ein Grundrecht **überhaupt effektiven Schutz** bietet, nicht jedoch, dass konkrete Sachbereiche einem Eingriff von vornherein entzogen sind.

Argumente:

- Mit einer Verfassungsordnung mit konkurrierenden Zielen sind absolute Werte nur dann vereinbar, wenn abstrakte Hierarchien zwischen diesen Werten aufgestellt werden. Solche **Werthierarchien kennt das Grundgesetz** jedoch **nicht**.
- Ein absolutes Verständnis **geht an der sozialen Realität vorbei**, da es auf Fälle wie zum Beispiel den gezielten Todesschuss keine überzeugende Antwort geben kann.

Hinweis

Dieser Streit spielt im Wesentlichen bei Fällen wie gezielten Todesschüssen, bei der lebenslangen Freiheitsstrafe oder auch bei Enteignungen eine Rolle.

Literatur

Schaks, JuS 2015, S. 407 ff.

8 Rechte zukünftiger Generationen

Insbesondere im Zusammenhang mit der in Art. 20a GG geregelten **Staatszielbestimmung des Schutzes natürlicher Lebensgrundlagen** „auch in Verantwortung für die zukünftigen Generationen“ wird diskutiert,

Streitstand ⇨ **ob und inwieweit Grundrechte auch zukünftige Generationen schützen oder ihnen gegenüber rechtliche Pflichten bestehen.**

a) Erstreckung der Grundrechte auf zukünftige Generationen

Einzelne Stimmen in der Literatur gehen davon aus, dass die Grundrechte wie auf aktuell lebende Individuen auch auf **zukünftig lebende Einzelpersonen** Anwendung finden.

Argumente:

- Aus den Grundrechten und aus **internationalen Menschenrechtsinstrumenten** folgt, dass künftige Generationen ebenso wie heute lebende Individuen Grundrechtsschutz genießen sollen.
- Grundrechtliche staatliche Schutzpflichten unterliegen keiner zeitlichen Begrenzung

b) intertemporale Freiheitssicherung

Das BVerfG hat im sogenannten Klimabeschluss vom 24.03.2021 (1 BvR 2656/18 und andere) angenommen, dass staatliches Unterlassen bzw. unzureichendes Handeln in Sachen Klimaschutz eine **„eingriffsähnliche Vorwirkung“** auf künftige Freiheiten begründen kann. Die Grundrechte dienen auch als **intertemporale Freiheitssicherung** und verpflichten dazu, künftige Freiheiten nicht unzulässig einzuschränken. Konkrete Rechte zukünftiger Generationen ergeben sich daraus aber nicht.

Argumente:

- Die grundrechtlichen staatlichen Schutzpflichten sind auch auf die Zukunft gerichtet und greifen nicht erst, wenn Verletzungen eingetreten sind. In Bezug auf künftige Generationen sind die Schutzpflichten wegen deren **fehlender Grundrechtsfähigkeit** aber rein **objektivrechtlich** zu verstehen.
- In objektiver Hinsicht beinhaltet auch Art. 20a GG den Auftrag, den Aspekt der **intergenerationellen Gerechtigkeit** bei Entscheidungen zu berücksichtigen.

Hinweis

Im Rahmen von Art. 20a GG und dem generellen Gehalt der Verfassung bzgl. Umwelt- und Klimaschutzverpflichtungen wird diskutiert, ob der grundrechtliche **Eingriffsbegriff weiter ausgelegt** werden muss, als dies bislang der Fall ist. Diese Frage ist deshalb von Bedeutung, weil Umweltbeeinträchtigungen zumeist von **privaten Akteuren** verursacht werden, die Grundrechte aber grundsätzlich als **Abwehrrechte** gegen den Staat konstruiert sind.

- Einige Stimmen im Schrifttum nehmen eine weitgehende staatliche Schutzpflicht vor Umweltbeeinträchtigungen durch Private an, welche faktisch eine **Abkehr vom klassischen grundrechtlichen Eingriffsbegriff** zur Folge hat.
- Andere vertreten eine **gemäßigtere Ausdehnung des Eingriffsbegriffs**, indem sie beispielsweise fordern, dass die von Privaten verursachte Beeinträchtigung objektiv vorhersehbar und dem Staat zurechenbar sein muss, um einen Grundrechtseingriff darzustellen.

Literatur

Calliess, in: Dürig/Herzog/Scholz (Hrsg.), Grundgesetz-Kommentar, 105. EL August 2024, Art. 20a, Rn. 82 ff.

Besondere Grundrechtslehren

Grundrechtsklausuren weisen gegenüber Zivil- oder Verwaltungsrechtsklausuren eine Besonderheit auf. Es gibt im Recht **unterschiedliche Normtypen**: Regeln und Prinzipien. Beide unterscheiden sich in ihrem Status bei Normenkollisionen. Widersprechen sich unterschiedliche **Regeln**, so gibt es eine Metaregel, die diesen Konflikt auflöst – etwa der Grundsatz, dass die speziellere Regel der allgemeineren vorgeht (*lex specialis*) oder die jüngere Regel der älteren (*lex posterior*). Hat man es in einer Klausur mit Regeln zu tun, dann kommt es im Wesentlichen auf eine saubere Auslegung der Norm und eine genaue Subsumtion unter diese Norm an.

Grundrechte sind jedoch zumeist Prinzipien. Kollidieren zwei Prinzipien miteinander, dann gibt es keine Metaregel, die einen abstrakten Vorrang zwischen beiden bestimmt. Vielmehr wird eine **Abwägung im Einzelfall** vorgenommen. Kollidiert also die Meinungsfreiheit eines Individuums mit dem allgemeinen Persönlichkeitsrecht eines anderen, dann hat keines der beiden Rechte immer Vorrang. Vielmehr kommt es auf die konkreten Umstände des Einzelfalles an, auf die Art und die Intensität der jeweiligen Beeinträchtigung. Daher liegt der **Schwerpunkt** bei Grundrechtsklausuren auch meistens nicht in abstrakten Streitfragen, sondern vielmehr bei der **konkreten Abwägung im Einzelfall**.

Dennoch gibt es auch bei den Grundrechten einige Streitfragen um die Auslegung des Schutzbereiches, die man kennen sollte. Die hier vorgenommenen Gegenüberstellungen dienen dabei lediglich der **Orientierung**. In der Klausur ist es wichtiger, sich argumentativ an Leitprinzipien zu orientieren als an dogmatischen Positionen.

Im Einzelnen:

		Seite
9.	Menschenwürdeschutz vor der Geburt	15
10.	Inhalt der Menschenwürde	17
11.	Einschränkbarkeit der Menschenwürde	18
12.	Zulässigkeit des Verzichts auf Menschenwürde	19
13.	Zulässigkeit positiver Diskriminierungen	20
14.	Einschränkbarkeit der Religionsfreiheit	21
15.	Tatsachenbehauptung als Meinungsäußerung	22
16,	Schutzbereichsbeschränkung der Kunstfreiheit	23

17. Gemeinsamer Zweck der Versammlung 24
18. Vereinigungsfreiheit für öffentlich-rechtliche Zwangsvereinigungen 25
19. Schutz der Ausreise durch Freizügigkeit 26
20. Verbotene Tätigkeit als Beruf 27
21. Schutz von Betriebs- und Geschäftsräumen durch Art. 13 GG 28
22. Eingerichteter und ausgeübter Gewerbebetrieb 29
23. Schutz des Vermögens durch Art. 14 GG 30
24. Rechtsschutzgarantie gegen Legislativakte 31

9 Menschenwürdeschutz vor der Geburt

Der Schutz der Würdegarantie kommt jedem Menschen zu. Streitig ist jedoch,

Streitstand ⇨ **ob und ab wann ein *Nasciturus* auch vor der Geburt als Mensch angesehen werden kann.**

a) Schutz ungeborenen Lebens

Nach wohl überwiegender Auffassung erstreckt sich der Würdeschutz des Grundgesetzes auch auf das **ungeborene Leben**. Das Bundesverfassungsgericht nimmt einen Menschenwürdeschutz zumindest ab der **Nidation** an, teilweise wird der Schutz auch auf die befruchtete Eizelle erstreckt.

Argumente:

- Der Embryo gehört unbestritten der **menschlichen Spezies** an, weswegen ihm Würdeschutz zukommt.
- Der Mensch ist als Individuum bereits **mit der Befruchtung determiniert**, weswegen ihm auch ab diesem Zeitpunkt Würdeschutz zukommen muss.

b) Schutz nur nach der Geburt

Nach der Gegenauffassung beginnt der Würdeschutz erst mit der Geburt. Allenfalls kann eine **beschränkte, punktuelle Vorwirkung** des Menschenwürdeschutzes auf den Embryo angenommen werden.

Argumente:

- Kern des Würdeschutzes ist der **Anspruch auf soziale Achtung**. Diese kann nur geborenen Menschen entgegengebracht werden.
- Nimmt man an, dass dem Embryo Würdeschutz zukommt, dann ist die **Rechtsprechung** des BVerfG, die Abtreibungen bis zu einem gewissen Zeitpunkt zulässt, **inkonsequent**.
- Die **Persönlichkeit** eines Menschen ist durch die Befruchtung noch nicht vorherbestimmt. Auch die individuelle Abgrenzbarkeit liegt zum Zeitpunkt der Befruchtung noch nicht vor.

Hinweise

- Bedeutung hat diese Diskussion vor allem beim Streit um die Zulässigkeit der Abtreibung oder der **Forschung an embryonalen Stammzellen**.
- Die Vertreter der Auffassung, dass dem Embryo kein Würdeschutz zukomme, gewähren aber meistens einen **Lebensschutz nach Art. 2 II 1 GG**.

Literatur

Wapler, in: Brosius-Gersdorf (Hrsg.), Dreier-Grundgesetz-Kommentar, 4. Aufl. 2023, Art. 1 I (Menschenwürde) Rn. 82 ff.

10 Inhalt der Menschenwürde

Die Menschenwürde ist gemäß Art. 1 I GG unantastbar. In der Literatur ist jedoch nach wie vor umstritten,

Streitstand ⇨ **was der Begriff der Menschenwürde konkret bedeutet.**

a) Objektformel

Das BVerfG beruft sich bei der Konkretisierung der Menschenwürde in erster Linie auf die auf Kant zurückgehende Objektformel. Danach darf der Mensch **nicht zum bloßen Objekt staatlicher Gewalt** gemacht werden, sondern muss immer auch als Zweck an sich selbst betrachtet werden.

b) Werttheorien

Nach Auffassung einiger ist die Menschenwürde ein jedem Menschen innewohnender Wert, die schon aus der Natur des Menschen folgt.

c) Leistungstheorien

Andere begreifen Menschenwürde als etwas, was sich der Mensch erst durch seine **eigene Leistung verdienen** muss.

d) Kommunikationstheorien

Nach einer vierten Auffassung konstituiert sich Würde durch **soziale Anerkennung**.

Hinweise

- Keine der hier vorgestellten Theorien vermag letztlich vollumfänglich zu befriedigen. Dennoch sollte man sie kennen, da sie letztlich auch hinter diversen anderen Streitfragen im Zusammenhang mit Art. 1 I GG stehen. Bei der Frage nach dem Beginn des Lebens (**STREITSTAND 9**) etwa wird die Wert- oder Mitgifttheorie idR einen Lebensschutz ab Befruchtung befürworten, während die Kommunikationstheorie einen solchen erst ab der Geburt wird anerkennen können.
- Letztlich sollte man in der Klausur die im Zusammenhang mit der Menschenwürde diskutierten Fallgruppen im Kopf haben und dann jeweils im Einzelfall versuchen, eine Lösung zu finden.

Literatur: *Michael/Morlok*, Grundrechte, 8. Aufl. 2023, Rn. 133 ff.

11 Einschränkbarkeit der Menschenwürde

Gem. Art. 1 I GG ist die Menschenwürde unantastbar. Dennoch ist umstritten,

Streitstand ⇨ **ob Eingriffe in die Menschenwürde zulässig sind**

a) Absoluter Schutz der Menschenwürde

Nach herrschender Auffassung ist die **Menschenwürde absolut geschützt**. Eingriffe können danach nicht gerechtfertigt werden.

Argumente:

- Dem **Wortlaut** („unantastbar") nach ist die Menschenwürde einer Abwägung nicht zugänglich.
- Eine **Trennung zwischen Begriffshof und Begriffskern ist nicht trennscharf möglich** und zudem nicht erforderlich. Eingriffe, die nicht den ‚Kernbereich' der Menschenwürde betreffen, können im Rahmen der allgemeinen Grundrechte diskutiert werden.

b) Relativierung des Menschenwürdeschutzes

Einige Autoren unterscheiden zwischen dem **Kernbereich** und dem **Randbereich** des Menschenwürdeschutzes. Im Randbereich müsse bei der Definition der Menschenwürde eine **Abwägung konkurrierender Rechtsgüter** vorgenommen werden.

Argument:

- Das **Unantastbarkeitsdogma** ist für viele Lebenssachverhalte **zu starr**. Die Relativierung des Menschenwürdeschutzes ermöglicht eine Flexibilisierung.

Hinweis

Die **Rechtsprechung des BVerfG ist uneinheitlich**. In den Urteilen wird zwar weiterhin bekundet, dass die Menschenwürde unantastbar und daher einer Abwägung nicht zugänglich sei. In der Praxis nimmt das BVerfG bei der Bestimmung der Menschenwürde aber oft eine Abwägung vor, was sich dogmatisch jedoch nur schwer rechtfertigen lässt.

Literatur

Herdegen, in: Dürig/Herzog/Scholz (Hrsg.), Grundgesetz-Kommentar, 104. EL April 2024, Art. 1 I GG, Rn. 46 ff.

12 Zulässigkeit des Verzichts auf den Menschenwürdeschutz

Angesichts der Tatsache, dass die Menschenwürde gem. dem Wortlaut von Art. 1 I GG unantastbar ist, ist umstritten

Streitstand ⇨ **ob jeder Einzelne auch die Freiheit hat, auf den Menschenwürdeschutz zu verzichten**

a) Unverzichtbarkeit der Menschenwürde

Überwiegend wird angenommen, dass der Einzelne **nicht** auf den Schutz durch die Menschenwürde **verzichten** könne.

Argumente:

- Die Menschenwürde ist nicht nur ein subjektives Recht, sondern **auch eine objektive Garantie**. Diese objektive Dimension verbietet einen Würdeverzicht.
- Rang und **Wortlaut** von Art. 1 I GG zeigen, dass die Garantie absolut gelten soll und daher unverzichtbar sein muss.

b) Schutz der Autonomie

Die Gegenauffassung geht davon aus, dass die Menschenwürde so ausgelegt werden muss, dass sie der Ausübung von individueller Autonomie nicht entgegenstehen darf.

Argument:

- Der Kern der Menschenwürdegarantie ist gerade der **Schutz menschlicher Autonomie**. Es würde diese Garantie pervertieren, würde man sie heranziehen, um die Autonomie im Namen der Menschenwürde zugunsten sittlicher Werte einzuschränken.

Hinweis

Die Diskussion wird vor allem im **Verhältnis zwischen Privaten** relevant, etwa bei der Frage, ob die Teilnahme an einer Peep-Show oder am Zwergenweitwurf die Menschenwürde verletzt. Das BVerwG nahm zudem an, dass die Betreibung eines Laserdromes gegen die Menschenwürde verstoße, was mit dem **Autonomieverständnis** nicht zu vereinbaren wäre.

Literatur

Michael/Morlok, Grundrechte, 8. Aufl. 2023, Rn. 534 ff.

13 Zulässigkeit positiver Diskriminierungen

Nach Art. 3 II GG fördert der Staat die Gleichberechtigung von Männern und Frauen. Umstritten ist dabei,

Streitstand ⇨ **ob und inwieweit der Staat Frauen bevorzugen kann, um faktische Nachteile auszugleichen.**

a) Nur Ausgleich faktischer Nachteile

Teilweise wird vertreten, dass Frauen nur bevorzugt werden dürften, wenn und soweit eine **faktische Benachteiligung** besteht. Eine schematische Bevorzugung oder starre Quotenregelungen sind dagegen unzulässig.

Argument:

- Auch **Männer** haben ein **individuelles Gleichbehandlungsrecht**. Dieses individuelle Recht kann nicht zugunsten des Ausgleichs vordergründiger systemischer Gleichheit vollständig aufgegeben werden.

b) Bevorzugung bis zur faktischen Gleichstellung

Die Gegenauffassung hält dagegen eine grundsätzliche Bevorzugung von Frauen für gerechtfertigt, bis letztere die faktische Gleichstellung erreicht haben.

Argument:

- Der **Wortlaut des Art. 3 II 2 GG** fordert die Erreichung tatsächlicher Gleichberechtigung. Er ist insoweit *lex specialis* zum Individualrecht der Männer aus Art. 3 III GG.

Hinweise

- Die beiden dargestellten Positionen **umreißen die Diskussion nur skizzenhaft**. Zwischen beiden Positionen finden sich Ansichten, die in verschiedenen Nuancen differieren, so dass sich die Frage einer schematischen Betrachtungsweise entzieht. Vielmehr sollte in jedem Lebensbereich auf die konkrete Situation geschaut und diese bewertet werden.

- Die Rspr. des BVerfG in diesem Gebiet ist uneinheitlich, tendiert aber wohl eher zu Position b). Demgegenüber hat der EuGH entschieden, dass starre Quotenregelungen zumindest dann unzulässig sind, wenn sie keine Rücksicht auf individuelle Härtefälle nehmen.

14 Einschränkbarkeit der Religionsfreiheit

Art. 4 I und II GG gewährt nach überwiegender Auffassung ein umfassendes und einheitliches Grundrecht auf Religions-, Weltanschauungs- und Gewissensfreiheit. Umstritten ist,

Streitstand ⇨ **ob das Grundrecht aus Art. 4 I, II GG schrankenlos gewährt wird.**

a) Kollidierendes Verfassungsrecht

Nach überwiegender, vom BVerfG geteilter Auffassung wird die Religions- und Gewissensfreiheit **nur durch kollidierendes Verfassungsrecht** beschränkt.

Argumente:

- Die Gewährleistungen aus Art. 4 I und II GG sind nach dem eindeutigen Wortlaut schrankenlos (***Stichwort: Wortlaut***).
- Art. 136 I WRV ist nicht als Grundrechtsschranke formuliert, sondern eher als **Diskriminierungsverbot**.
- Art. 135 S. 3 WRV enthielt eine Bestimmung, die die Religionsfreiheit einem Gesetzesvorbehalt unterwarf, wurde aber gerade nicht ins Grundgesetz übernommen (***Stichwort: historische Auslegung***).

b) Weimarer Reichsverfassung

Teilweise wird vertreten, die Religions- und Gewissensfreiheit könne nur im Rahmen **einfacher Gesetze** ausgeübt werden.

Argument:

- Art. 140 GG **inkorporiert Art. 136 I WRV** in das Grundgesetz, der einen allgemeinen Gesetzesvorbehalt für die Ausübung der Religionsfreiheit statuiert.
- Für den Spezialfall der negativen Bekenntnisfreiheit, bspw. bei Nachfragen von Behörden nach der Konfession, hat das BVerfG einen einfachen Gesetzesvorbehalt nach Art. 140 GG i.V.m. Art. 136 I GG angenommen.

15 Tatsachenbehauptung als Meinungsäußerung

Im Mittelpunkt von Art. 5 I 1 GG steht Meinung. Für sie ist die Stellungnahme charakteristisch. Davon zu unterscheiden sind Tatsachenäußerungen, die objektiv nachprüfbaren Charakter haben. Umstritten ist,

Streitstand ⇨ **wo die Grenzlinie zwischen Meinung und Tatsachenäußerung verläuft.**

a) Meinungsäußerung kann auch Tatsachen umfassen

Ganz überwiegend wird vertreten, als Meinung geschützt seien nicht nur Werturteile, sondern **auch Tatsachenbehauptungen**, soweit sie Voraussetzung für Meinungsbildung sind.

Argumente:

- Fundiertes Werturteil und Tatsachenwissen sind **untrennbar** (***Stichwort: Untrennbarkeitsthese***).
- Die Meinungsfreiheit wird umfassend geschützt, insbesondere auch der Meinungsbildungsprozess **auf der Grundlage** von Tatsachen. Es wäre widersprüchlich, das Recht auf Meinungsäußerung enger zu verstehen als den Meinungsbildungsprozess (***Stichwort: Kongruenzhypothese***).

b) Tatsachen sind keine Meinung

Kaum vertreten wird, dass Tatsachen generell **nicht** von Art. 5 I 1 GG geschützt sind.

Argument:

- Die Tatsache ist ausweislich des klaren Wortlauts des Grundgesetzes gerade nicht geschützt (***Stichwort: Wortlaut***).

Hinweise

- Nicht als Meinung geschützt sind isolierte Tatsachen und Berichte, wie Angaben **statistischer Art**.
- Ein umstrittenes Feld sind **bewusst unwahre Tatsachenbehauptungen**. Man kann argumentieren, die bewusste Äußerung der Unwahrheit sei Meinung und damit schutzfähig. In der ständigen Rechtsprechung wird jedoch regelmäßig betont, das bewusst Falsche sei nicht schutzwürdig.

16 Schutzbereichsbeschränkungen der Kunstfreiheit

Wenn Künstler eine besonders hohe öffentliche Aufmerksamkeit erreichen wollen, machen Sie oft nicht vor den Freiheitssphären anderer halt. Umstritten ist dabei,

Streitstand ⇨ **ob der Schutzbereich der Kunstfreiheit aus Art. 5 III, Fall 1 GG auch drittschädigendes Verhalten umfasst.**

a) Straftaten schließen den Schutzbereich aus

Weit überwiegend wird vertreten, Straftaten würden von vornherein aus dem Schutzbereich der Kunstfreiheit ausscheiden.

Argument:

- Der Friedlichkeits- bzw. Gewaltlosigkeitsvorbehalt aus Art. 8 I GG ist eine verfassungsimmanente Gewährleistungsschranke jeder Freiheitsbetätigung.

b) Keine Schutzbereichsbeschränkung

Drittschädigendes Verhalten wird vom Schutzbereich der Kunstfreiheit erfasst.

Argumente:

- Die Beeinträchtigung Rechtsgüter Dritter durch Kunst muss auf der Ebene der Grundrechtsschranken bewertet werden.
- Der Gesetzgeber kann nicht durch Schaffung von Straftatbeständen über den grundgesetzlichen Schutzbereich disponieren.

Hinweise

- Der Schutzbereichsausschluss wird in verschiedenen Facetten diskutiert. Gewalttätiges oder anderweitig **stark sozialschädigendes Verhalten** wird in aller Regel vom Schutzbereich der Kunstfreiheit ausgenommen, umstrittener sind bspw. Fälschungshandlungen, die Rechte Dritter beeinträchtigen.
- Der Streitstand findet eine Parallele bei der Definition des Berufs, **STREITSTAND 20.**

Literatur

Hufen, JuS 2022, 897

17 Gemeinsamer Zweck der Versammlung

Eine Ansammlung von Menschen genießt den Schutz der Versammlungsfreiheit aus Art. 8 GG, wenn sie einen gemeinsamen Zweck verfolgt. Umstritten ist allerdings,

Streitstand ⇨ **welche Anforderungen an diese Zweckverfolgung zu stellen sind.**

a) Gemeinsame Zweckverfolgung ausreichend

Teilweise wird vertreten, **jede** gemeinsame Zweckverfolgung erfülle den Versammlungsbegriff des Grundgesetzes.

Argument:

- Die **grundrechtseinschränkende Funktionalisierung** des Versammlungsbegriffs findet keine hinreichende Grundlage im Wortlaut der Verfassung (***Stichwort: Wortlaut***).

b) Öffentliche Meinungsbildung erforderlich

Überwiegend ist man der Auffassung, Art. 8 GG schütze nur solche Ansammlungen, die der **öffentlichen Meinungsbildung** dienten.

Argumente:

- Art. 8 GG ist Ausdruck **demokratischer Offenheit**. In dieser Funktion muss die Norm ausgelegt werden (***Stichwort: funktionale Betrachtung***).
- Zwar ist Art. 8 GG einerseits nicht beschränkt auf Ansammlungen zur Argumentation und geistigen Auseinandersetzung, andererseits fallen **bloße Vergnügungsveranstaltungen** ebenso aus dem Schutzbereich (Stichwort: ***beispielhafte Schutzbereichsverdichtung***).

Hinweise

- Umstritten ist ferner die **Mindestteilnehmerzahl**:
  - Zwei Teilnehmer genügen demjenigen, der Art. 8 GG funktional betrachtet auf Isolierungsverhinderung gerichtet sieht.
  - Für mindestens drei Teilnehmer würde der allgemeine Sprachgebrauch und damit der Wortlaut eher sprechen.
- Die Versammlung muss **nicht ortsfest** sein. Demonstrationszüge können anerkanntermaßen Versammlung sein.

418 Vereinigungsfreiheit für öffentlich-rechtliche Zwangsvereinigungen

Art. 9 GG schützt Vereinigungen ohne Rücksicht auf deren Rechtsform. Art. 9 I GG garantiert auf seiner negativen Gewährleistungsebene ferner jedenfalls, einer privaten Vereinigung fernzubleiben oder aus ihr auszutreten. Umstritten ist jedoch,

Streitstand ⇨ **ob auch Zwangsinkorporationen oder nur freiwillige Zusammenschlüsse von Art. 9 I GG erfasst werden.**

a) Kein Schutz gegen Zwangsvereinigungen

Überwiegend wird vertreten, Art. 9 I GG schütze **nicht** gegen den Zusammenschluss zu öffentlich-rechtlichen Zwangsvereinigungen.

Argumente:

- Der positive und negative Schutzaspekt von Art. 9 I GG laufen gleich: Zwangsvereinigungen können schon begrifflich nicht positiv gewährleistet werden (***Stichwort: kein Recht zur Bildung einer öR Vereinigung***).
- Schutzlosigkeit besteht nicht, weil auf Art. 2 I GG zurückgegriffen werden kann (***Stichwort: Auffanggrundrecht***).

b) Schutz durch negative Vereinigungsfreiheit

Teilweise wird vertreten, der Zusammenschluss zu öffentlich-rechtlichen Zwangsvereinigungen sei an Art. 9 I GG zu messen.

Argumente:

- Die klassische grundrechtliche Abwehrfunktion – Fernbleiben – muss nicht mit der positiven Gewährleistung gleichlaufen.
- Die Grundentscheidung für die **Freiheit sozialer Gruppenbildung** betrifft öffentlich-rechtliche Zwangszusammenschlüsse genauso wie private.
- Öffentlich-rechtliche Zwangszusammenschlüsse müssen **wirksamen verfassungsrechtlich kontrolliert** werden: Der Gesetzgeber kann nicht mit der Wahl eines öffentlich-rechtlichen Zusammenschlusses statt eines privatrechtlichen über die Schutzintensität disponieren.

Literatur

Sachs, Verfassungsrecht II: Grundrechte, 3. Aufl. 2017, Die Grundrechte des Art. 9 GG, Rn. 8 ff.

19 Schutz der Ausreise durch Freizügigkeit

Das Grundrecht der Freizügigkeit schützt die Freizügigkeit innerhalb des gesamten Bundesgebiets. Umstritten ist jedoch,

Streitstand ⇨ **ob vom Schutzbereich auch die Ausreise aus dem Bundesgebiet umfasst ist.**

a) Freizügigkeit nur innerhalb des Bundesgebiets

Nach überwiegender Auffassung ist die **Ausreisefreiheit nicht** von Art. 11 GG, sondern von Art. 2 I GG geschützt.

Argumente:

- Der Wortlaut von Art. 11 I GG („im") begrenzt den Schutzbereich (***Stichwort: Wortlaut***).
- Die Beschränkung von Art. 11 GG auf die innerstaatliche Freizügigkeit ergibt sich aus der **Entstehungsgeschichte** der Grundrechtsgewährleistung.

b) Schutz der Ausreisefreiheit

Dem entgegen steht die zum Teil in der Literatur vertretene Auffassung, Art. 11 GG **schütze** auch die Ausreisefreiheit.

Argumente:

- Das Wortlautargument ist schon deshalb nicht haltbar, weil die **Einreisefreiheit** in das Bundesgebiet einhellig unter Art. 11 GG subsumiert wird, obwohl der Wortlaut („im Bundesgebiet") auch insofern nicht völlig passt.
- Die Zuordnung der Ausreisefreiheit zur leicht einschränkbaren Handlungsfreiheit entspricht nicht deren **besonderer Schutzbedürftigkeit** in einem offenen Verfassungsstaat und vernetzten Welt.

Hinweis

Die deutsche Freizügigkeitsregelung ist jedenfalls europarechtskonform (Art. 21 I AEUV) auszulegen: Art. 11 GG gewährleistet eine EU-Freizügigkeit.

Literatur

BVerfGE 6, 32 (Elfes)

20 Verbotene Tätigkeit als Beruf

Durch die Berufsfreiheit wird jede auf Dauer angelegte Tätigkeit zur Erwerbssicherung geschützt. Der Begriff ist grundsätzlich weit auszulegen. Umstritten ist jedoch,

Streitstand ⇨ **ob verbotene Tätigkeiten aus dem Schutzbereich auszuschließen sind.**

a) Kein Schutz verbotener Tätigkeiten

Teilweise wird der Begriff des Berufs in Rechtsprechung und Schrifttum auf allgemein **erlaubte Tätigkeitsformen** begrenzt.

Argument:

- Verbotene Tätigkeiten sind **nicht Teil des Wirtschaftslebens** und damit nicht als Beruf geschützt.

b) Auch verbotene Tätigkeiten vom Schutzbereich erfasst

Einer anderen Ansicht nach soll der Berufsbegriff auf unerlaubte Tätigkeiten **ausgedehnt** werden.

Argumente:

- Der Schutzbereich der Berufsfreiheit kann **nicht einfachgesetzlich** ausgehöhlt werden.
- Vielmehr muss Art. 12 I GG gerade dem Gesetzgeber als **Maßstab** gelten, ob er eine Tätigkeit verbieten darf oder nicht.

Hinweise

- In aller Regel werden **evident sozialschädliche** Tätigkeiten, welche offensichtlich dem grundgesetzlichen Menschenbild zuwiderlaufen, aus dem Berufsbegriff ausgenommen. Häufig genannte Beispiele sind Tätigkeiten als Dealer oder Berufskiller.
- Dem Einzelnen auferlegte **individuelle Berufsverbote** sind nach allgemeiner Auffassung an der Berufsfreiheit zu messen.

Literatur

*BVerfG*E 14, 19

21 Schutz von Betriebs- und Geschäftsräumen durch Art. 13 GG

Wohnhäuser, Mietwohnungen, Hotelzimmer, Hausboote und Zelte sind vom Grundrechtstatbestand des Art. 13 I GG erfasst. Umstritten ist hingegen,

Streitstand ⇨ **ob auch Geschäfts- bzw. Betriebsräume unter den Wohnungsbegriff des Grundgesetzes fallen.**

a) Weiter Wohnungsbegriff

Überwiegend werden auch Arbeits-, Betriebs- und Geschäftsräume unter Art. 13 I GG gefasst.

Argumente:

- Das Recht, auch in Betriebs- und Geschäftsräumen „**in Ruhe gelassen zu werden**", ist besonders wichtig, weil auch diese wesentliche Orte zur Persönlichkeitsentfaltung sind.
- Der Schutz dieser räumlichen Privatsphäre kann je nach Grad der Abgeschirmtheit geringer ausfallen.

b) Enger Wohnungsbegriff

Teilweise werden Geschäfts- und Betriebsräume aus dem Schutzbereich von Art. 13 I GG ausgeklammert.

Argumente:

- Der Wortlaut von Art. 13 I GG ist bereits **begrifflich nicht** auf Geschäftsräume zugeschnitten. Auch passt die Schrankensystematik der Absätze 2 bis 7 nur auf Wohnungen im engeren Sinne.
- Geschäfts- bzw. Betriebsräume sind **regelmäßig öffentlich** oder zumindest teilöffentlich und damit nicht höchstpersönlich.
- Die Gegenauffassung ist zu systemfremden Abstufungen der „Privatheit" gezwungen.

Hinweis

Auch die überwiegende Auffassung wird wohl zum Publikumsverkehr bestimmte Geschäftsräume **während der Öffnungszeiten** nicht von Art. 13 I GG geschützt sehen.

22 Eingerichteter und ausgeübter Gewerbebetrieb

Nach einer gängigen Faustformel schützt Art. 14 GG nur das Eigentum, nicht jedoch das Vermögen. Allerdings können u. U. bestimmte vermögenswerte Rechte in den Schutzbereich von Art. 14 GG fallen. Diskutiert wird in diesem Zusammenhang,

Streitstand ⇨ **ob der eingerichtete und ausgeübte Gewerbebetrieb von Art. 14 GG umfasst ist.**

a) Kein gesonderter Schutz des Rechts am Gewerbebetrieb

Teilweise wird vertreten, das Recht am Gewerbebetrieb als solches werde von Art. 14 I GG **nicht** erfasst.

Argumente:

- Der Schutz des Gewerbebetriebs erschöpft sich im **Schutz seiner Grundlagen**, sofern sie Eigentum oder eigentumsähnlich sind. Geschäftsverbindungen und Lagevorteile etwa sind verfassungsrechtlich ungeschützt.
- Tatsächliche Gegebenheiten und Chancen wie Geschäftsverbindungen, Kundenstamm und Marktstellung sind von Art. 14 I GG nicht erfasst. Die rentable und ökonomisch sinnvolle Eigentumsnutzung ebenfalls nicht.

b) Schutz des Rechts am Gewerbebetrieb

Von der herrschenden Meinung wird der eingerichtete und ausgeübte Gewerbebetrieb als solcher von Art. 14 I GG als geschützt angesehen.

Argumente:

- Unternehmen sind in ihrer Gesamtheit **mehr wert** als die Summe aller Gegenstände des Unternehmensvermögens. Deshalb besteht ein erhebliches Schutzbedürfnis.
- Das Unternehmen als Ganzes weist wichtige Elemente des Eigentums auf: Der Vermögenswert ist **durch Leistung** des Unternehmers entstanden und dessen Einheit ist Existenzgrundlage des Unternehmers.

Hinweise

- Die Diskussion verläuft weitgehend unjuristisch. Haben Sie Mut, auch in der Klausur eher die Schutzwürdig- und -bedürftigkeit zu erörtern.
- Die Diskussion hat Parallelen zum Schutz des Vermögens als solches von Art. 14 I GG, siehe **Streitstand 23**.

23 Schutz des Vermögens durch Art. 14 GG

Als Faustformel gilt: Art. 14 GG schützt den Bestand, Art. 12 GG den Erwerb. Deshalb sind bloße Erwartungen, Aussichten und Gewinnchancen nicht von Art. 14 GG erfasst. Umstritten ist,

Streitstand ⇨ **ob Art. 14 I GG auch das Vermögen als solches schützt.**

a) Schutz von konkreten Rechtspositionen

Ganz überwiegend wird vertreten, das Vermögen als solches sei **nicht** von Art. 14 I GG geschützt.

Argumente:

- Art. 14 I GG schützt bereits nach seinem Wortlaut nur konkrete Rechtspositionen, also durch die Rechtsordnung anerkannte einzelne Vermögenswerte (***Stichwort: Wortlaut: Eigentum als Recht***).
- Die Grenzen der Besteuerungsgewalt des Staates bestimmt der Gesetzgeber, indem er für eine gerechte Sozialordnung sorgt.

b) Schutz des Vermögens

Selten wird vertreten, auch das Vermögen als solches sei in den Schutz des Art. 14 I GG einzubeziehen.

Argumente:

- Art. 14 I GG dient auch der **Begrenzung der Steuergewalt** des Staates. Wenn aber öffentlich-rechtliche Geldleistungsverpflichtungen mangels Schutzbereichsbetroffenheit nicht von Art. 14 I GG erfasst wären, liefe diese Schutzfunktion leer.
- Auch Art. 14 III GG schützt das Vermögen als solches, weil er eine **Garantie des Tauschwertes** sämtlicher Sachen und Rechte eines Grundrechtsträgers etabliert.

Hinweis

Vom BVerfG anerkannt ist, dass Art. 14 I GG einschlägig wird, sofern öffentlich-rechtliche Zahlungsverpflichtungen (Steuern) erdrosselnde / konfiskatorische Wirkung haben. Das bietet Angriffsfläche, denn auch die hohe Intensität der Belastung ändert nichts daran, dass nur das Vermögen als solches betroffen ist und einzelne Rechtspositionen allenfalls mittelbar.

24 Rechtsschutzgarantie gegen Legislativakte

Die Rechtsweggarantie aus Art. 19 IV GG erfasst traditionell das öffentlich-rechtliche Verwaltungshandeln, aber auch privatrechtsförmliches Verhalten, soweit es auf Erledigung von Verwaltungsaufgaben zielt. Umstritten ist hingegen,

Streitstand ⇨ **ob die Staatsfunktion der Gesetzgebung von der Rechtsschutzgarantie des Art. 19 IV GG erfasst ist.**

a) Rechtsschutz nur gegen Verwaltungsakte

Überwiegend wird vertreten, ein Rechtsschutz gegen die Gesetzgebung sei **ausgeschlossen**.

Argumente:

- Art. 100 I GG zeigt, dass die Normgültigkeit allenfalls Vorfrage, nicht aber Gegenstand von Verfahren der dritten Gewalt sein soll. Der Rechtsschutz gegen Legislativakte ist in Art. 94 GG **speziell** geregelt.
- Eine erfolgreiche Klage gegen ein Gesetz könnte **nicht vollstreckt** werden.

b) Rechtsschutzgarantie auch gegen Legislative

Der Ausschluss der parlamentarischen Gesetzgebung aus dem Schutzbereich von Art. 19 IV GG wird teilweise bezweifelt.

Argumente:

- Mit der öffentlichen Gewalt in Art. 1 III GG ist unstreitig auch die Legislative gemeint. Art. 19 IV GG muss **mit Art. 1 III GG in einem systematischen Zusammenhang** gesehen werden.
- Auch der **Wortlaut** des Art. 19 IV GG legt keinen Ausschluss des Rechtsschutzes gegen die Gesetzgebung nahe.
- Der **Rechtsschutzauftrag** des Grundgesetzes ist **umfassend**. Damit unvereinbar ist es, die parlamentarische Gesetzgebung davon auszunehmen.

Literatur

*BVerf*G NJW 2003, 1924

Verfassungsgrundsätze

Verfassungsgrundsätze sind neben **Verfassungsbefehlen** (***Beispiel:*** Art. 3 II 2 GG) und **Verfassungsgewährleistungen** (***Beispiel***: Grundrechte) eine Form von Verfassungsrechtssätzen. Sie lassen sich in **drei Kategorien** aufteilen:

- Zunächst **Staatsstrukturprinzipen**, durch die politische und kulturelle Überzeugungen verfassungsrechtlich verankert werden. Zu diesen zählen etwa Bundesstaats-, Rechtsstaats- und Demokratieprinzip;
- weiterhin **Staatszielbestimmungen**, welche die Staatsorgane zur Beachtung eines bestimmten Ziels in einer konkreten Situation verpflichten. Aufgrund ihrer Unbestimmtheit begründen sie jedoch keine subjektiven Rechte (***Beispiel***: Sozialstaatsprinzip (s. aber u. **STREITSTAND 29**), Schutz der natürlichen Lebensgrundlagen (s. aber u. **STREITSTAND 8)**);
- schließlich **Handlungsdirektiven** als Konkretisierungen verfassungsgestaltender Grundentscheidungen, wie zum Beispiel die Beachtung schutzwürdigen Vertrauens oder das Gebot des *fair trial.*

Die Argumentation mit Verfassungsgrundsätzen gehört wegen deren Abstraktheit und Offenheit zu den schwierigsten Aufgaben staatsorganisationsrechtlicher Arbeiten. In der Fallbearbeitung ist darauf zu achten, dass die **Verfassungsgrundsätze immer aus konkreten Verfassungsnormen herzuleiten** sind. Dabei sollte der am wenigsten abstrakte Anknüpfungspunkt gewählt werden. So wäre es etwa falsch, das Prinzip der Gewaltenteilung, das in Art. 20 II 2 GG ausdrücklich normiert ist, umständlich aus dem allg. Rechtsstaatsprinzip (Art. 20 II, III GG) herzuleiten.

Zu den wichtigsten Argumentationstopoi zählt das **Demokratieprinzip**. Dessen genaue Konkretisierung ist zwar sehr umstritten (s. **STREITSTAND 25**), in Examensarbeiten und Klausuren tut man jedoch gut daran, sich an dem sehr plastischen Demokratieverständnis des BVerfG zu orientieren. Das BVerfG favorisiert eine formale, hierarchische Ausgestaltung, die mit dem Bild der **Legitimationskette** gut veranschaulicht wird. Personell bedarf danach jeder mit der Wahrnehmung staatlicher Aufgaben betraute Amtswalter einer ununterbrochenen, auf das Volk zurückgehenden Legitimationskette. Sachlich muss die politische Verantwortlichkeit von Entscheidungsträgern umso stärker ausgeprägt sein, je bedeutender die zu treffende Entscheidung ist. Dieses Demokratieverständnis liegt vielen staatsrechtlichen Argumentationsmustern implizit zugrunde. Eine Verinnerlichung dieser theoretischen Grundlagen erleichtert daher den Umgang auch mit vielen unbekannten Problemkonstellationen. Zur Vertiefung: *Böckenförde*, in Isensee/Kirchhof (Hrsg.), Handbuch des Staatsrechts II (2003), § 24 Rn. 9 ff.

Im Einzelnen:

		Seite
25.	Demokratieprinzip des Grundgesetzes	34
26.	Volksbegriff i.S.v. Art 20 II GG	35
27.	Volksabstimmungen auf Bundesebene	37
28.	Gesetzesvorbehalt bei staatlichen Leistungen	39
29.	Sozialstaatsprinzip als Anspruchsgrundlage	41

25 Demokratieprinzip des Grundgesetzes

Gemäß Art. 20 II 1 GG geht alle Staatsgewalt vom Volke aus. Jede Ausübung öffentlicher Gewalt ist daher am Demokratieprinzip zu messen, auch die auf kommunaler oder supranationaler Ebene. Umstritten ist jedoch,

Streitstand ⇨ **wie das Demokratieprinzip konkret auszugestalten ist.**

a) Holistisch-monistisches Demokratieverständnis

Das BVerfG und die noch h.L. gehen davon aus, dass alle Staatsgewalt mittels einer **Legitimationskette** auf das deutsche Staatsvolk zurückgeführt werden muss. Zentrales Entscheidungsorgan ist daher das Parlament als direkt vom Staatsvolk durch Wahlen legitimiertem Organ.

Argument:

- Der **Wortlaut** des Art. 20 II 1 GG sieht das Volk ausdrücklich als zentrales Legitimationssubjekt vor.

b) Pluralistisches Demokratieverständnis

Die Gegenauffassung betont, dass nicht das Volk, sondern das Individuum Gegenstand der Legitimation sein müsse. Legitimation kann daher auch durch Beteiligung an Entscheidungsprozessen und vor allem Verantwortlichkeit der Entscheidungsträger erreicht werden, wobei die Verantwortlichkeit nicht unbedingt über das Parlament vermittelt werden muss.

Argumente:

- Das holistische Demokratieverständnis setzt ein einheitliches Staatsvolk voraus. Diese vorausgesetzte Homogenität **entspricht aber nicht der sozialen Realität**.
- Der Begriff Volk in Art. 20 II 1 GG muss nicht holistisch verstanden werden. Vielmehr kann er auch auf die **Gesamtheit aller Staatsbürger** abzielen.

Hinweis

Bei vielen Streitfragen im Staatsorganisationsrecht stehen die beiden hier dargestellten Demokratieverständnisse unausgesprochen im Hintergrund.

Literatur

Voßkuhle/Flaig, JuS 2024, 617, mit weiteren Nachweisen

26 Volksbegriff i.S.v. Art 20 II GG

Gemäß Art. 20 II 1 GG geht alle Staatsgewalt vom Volke aus. Damit wird der **Kreis der Wahlberechtigten**, Art. 38 GG, festgeschrieben. Streitig ist,

Streitstand ⇨ **ob zum Volk i.S.v. Art. 20 II 1 GG nur Deutsche i.S.d. Grundgesetzes gehören.**

a) Deutsches Staatsvolk i.S.v. Art. 116 GG

Die überwiegende Auffassung versteht unter dem Volk i.R.v. Art. 20 II GG das Staatsvolk der BRD, das **nur von Deutschen** i.S.v. Art. 116 GG gebildet werde.

Argumente:

- Art. 20 II GG muss im Bezugsfeld der anderen Vorschriften des Grundgesetzes gelesen werden, in denen der Volksbegriff immer ausdrücklich i.S.d. **deutschen** Volkes benutzt wird. Das ist in der Präambel, Art. 56 und 164 GG der Fall. (Stichwort: ***systematischer Vergleich***)
- Die Demokratie als Regierungsform hat ihren **personalen** Bezugspunkt in der Gesamtheit der Menschen, die im Staat **als politischer Einheit** zusammengeschlossen sind. Diese Gesamtheit wird durch die Staatsangehörigkeit (ergänzt um die Statusdeutschen i.S.v. Art. 116 GG) bestimmt und begrenzt. (Stichwort: ***Staaten als politische Einheiten***)
- Verfassungsrechtliche Pflichten (insbesondere die Wehrpflicht) tragen **nur Staatsangehörige**. Eine unterschiedliche Verteilung von **staatsbürgerlichen Rechten und Pflichten** würde hier zu einer **Asymmetrie** führen. (Stichwort: ***Rechte-Pflichten-Äquivalenz, arg. Art. 33 I***)

b) Offener Volksbegriff

Teilweise wird vertreten, dass der Volksbegriff aus Art. 20 II GG **nicht auf Deutsche i.S.d. Grundgesetzes beschränkt** sei. Der einfache Gesetzgeber könne den Kreis der Wahlberechtigten auch auf nichtdeutsche Personen ausdehnen, die ihren Lebensmittelpunkt in der BRD haben.

Argumente:

- Dem GG liegt **kein einheitlicher Volksbegriff** zu Grunde, wie sich etwa aus Art. 28 GG, der auf Landes-, Kreis- und Gemeindevölker abstellt, oder aus Art. 24 II GG, der auf die Völker der Welt Bezug nimmt, ergibt. Daher kann der vom **Wortlaut** her **weite** Volksbegriff in Art. 20 II GG **nicht aus systematischen Erwägungen beschränkt** werden.

- Die Beschränkung des Volkes aus das „Deutsche Volk“ ist eine **national-staatliche Verkürzung** des Demokratieprinzips. Von der deutschen Staatsgewalt sind auf diese Weise mehr Menschen betroffen als an ihr partizipieren dürfen. (Stichwort: ***Korrespondenz von Betroffenheit und Partizipation***)

Hinweise

- Geht man mit der überwiegenden Auffassung davon aus, dass der Begriff des Volkes (als deutsches Volk) in Art. 20 II GG von der Verfassung vorgegeben ist, so ist dieser (und damit die Bestimmung des Kreises der Wahlberechtigten in Art. 38 I 1 GG) jedenfalls der **Disposition des einfachen Gesetzgebers entzogen**. Umstritten ist, ob dies wegen Art. 79 III GG auch für den verfassungsändernden Gesetzgeber gilt.
  - Dafür wird teilweise vorgetragen, dass eine Abkopplung des Volksbegriffs in Art. 20 II GG vom Deutschenstatus ein Verstoß gegen das Prinzip der Volkssouveränität bedeute, das zu den unveränderlichen Grundsätzen des Art. 20 II GG gehöre.
  - Dagegen richtet sich der Hinweis, dass die Erweiterung des Volksbe-griffs nicht die Volkssouveränität als Prinzip berühre. Daher sei Art. 79 III GG nicht einschlägig.
- Das Grundgesetz legt nicht fest, wie der Kreis deutscher Staatsangehöriger zu bestimmen ist. Durch eine Erweiterung der Anknüpfungspunkte für die Staatsangehörigkeit kann der einfache Gesetzgeber deshalb jedenfalls die Reichweite des Volksbegriffes modifizieren. (Stichwort: ***einfach-gesetzliche Disponibilität der Staatsangehörigkeit***)
- Das Wahlrecht besteht nur bei Volkszugehörigkeit. Das gilt jedenfalls für Bundestags- und Landtagswahlen, Art. 20 II, 28 I 1, 2 GG. Auf **kommunaler Ebene** ist die Rechtslage umstritten:
  - Teilweise wird vertreten, die kommunale Selbstverwaltung leite ihre Legitimität nicht vom deutschen Staatsvolk, sondern vom „Gemeindevolk“ ab. Ausländer seien daher in die politische Gestaltung der örtlichen Angelegenheiten einzubeziehen.
  - Dagegen wird überwiegend vorgetragen, dass auch die kommunale Selbstverwaltung Staatsgewalt ausübe. Dies sei dem deutschen Volk vorbehalten. Dass der Gesetzgeber mit Art. 28 I 3 GG das kommunale Wahlrecht für EU-Bürger eingeführt hat, bestätige auch das ansonsten grundsätzlich geltende Verbot des Ausländerwahlrechts.

Literatur:

Böckenförde, in: Isensee/Kirchhof (Hrsg.), Handbuch des Staatsrechts II (2003), § 24 Rn. 26 f.

27 Volksabstimmungen auf Bundesebene

Eine demokratische Beteiligung der Staatsbürger an politischen Entscheidungsprozessen ist grundsätzlich auf zwei Arten denkbar: In der direkten Demokratie wird durch Abstimmung über Sachfragen entschieden; in der repräsentativen Demokratie beschränkt sich die Beteiligung dagegen auf die Wahl von Abgeordneten, die dann ihrerseits die politischen Entscheidungen treffen. In Art. 20 II 2 GG ist normiert, dass das Volk die Staatsgewalt durch Wahlen **und Abstimmungen** ausübt. Allerdings sieht die Verfassung mit Ausnahme der Territorialplebiszite (Art. 29, 118 f. GG) keine direktdemokratischen Elemente vor. Daher wird diskutiert,

Streitstand ⇨ **inwieweit dem Volk auf Bundesebene Entscheidungsbefugnisse in Form von Volksbegehren und Volksentscheiden eingeräumt werden können.**

a) Unzulässigkeitslehre

Sehr selten wird jede Anreicherung des Grundgesetzes um Elemente der direkten Demokratie **generell für unzulässig** gehalten.

Argumente:

- Soweit in Art. 20 II 2 GG von Abstimmungen die Rede ist, handelt es sich nur um einen Hinweis auf im Grundgesetz **ausdrücklich vorgesehene** Volksabstimmungen. (Stichwort: ***Hinweisfunktion 20 II 2***)
- Einer Ergänzung der Verfassung um weitere plebiszitäre Elemente **steht Art. 79 III GG entgegen**, denn die Grundsatzentscheidung in Art. 20 II 2 GG zugunsten der **repräsentativen** Demokratie nimmt an der Ewigkeitsverbürgung teil. Sie darf nicht zugunsten direkter Demokratie verwässert werden. (Stichwort: ***Ewigkeitsklausel***)

b) Lehre vom einfachen Gesetzesvorbehalt

Teilweise wird der **einfache** Gesetzgeber für befugt gehalten, plebiszitäre Akte einzuführen.

Argument:

- Schon aus dem Demokratieprinzip (Art. 20 I GG) folgt die verfassungsrechtliche Zulässigkeit von Plebisziten. (Stichwort: ***Demokratieprinzip***) Das wird durch die Aufnahme von Abstimmungen in Art. 20 II 2 GG unterstrichen.

Deshalb muss der einfache Gesetzgeber befugt sein, durch **Verfassungskonkretisierung** direktdemokratische Elemente einzuführen.

c) Lehre vom Verfassungsvorbehalt

Nach überwiegender Auffassung soll die Einführung von Volksentscheiden im Wege einer **Verfassungsänderung** zulässig sein.

Argumente:

- **Gegen die Unzulässigkeitslehre:** Mit der ausdrücklichen Erwähnung von Abstimmungen in Art. 20 II 2 GG hat der Verfassungsgeber Volksentscheide gerade nicht mit Ewigkeitswirkung ausschließen wollen. (Stichwort: ***kein Leerlaufen des Art. 20 II 2 GG***) Andernfalls wären auch die **direkt demokratischen Institute aller Länder** wegen der **Homogenitätsklausel** des Art. 28 I 2 GG verfassungswidrig. Diese Konsequenz will aber niemand ziehen.
- **Gegen die Lehre vom einfachen Gesetzesvorbehalt:** Das **Gesetzgebungsverfahren** ist in den Art. 76 ff. GG detailliert und **abschließend** geregelt. Daneben bleibt für alternative Verfahren der Gesetzesinitiative (Volksbegehren) oder -verabschiedung (Volksentscheid), die lediglich durch einfaches Bundesgesetz vorgesehen werden, aufgrund des Vorrangs der Verfassung kein Raum. (***Regelungssystematik der Art. 76 ff. GG***)

Hinweis

Ebenfalls umstritten ist die Frage, ob durch einfaches Bundesgesetz **Volksbefragungen** ein- und durchgeführt werden könnten:

- Dies wird teilweise mit dem Argument befürwortet, dass das Parlament an solche Volksbefragungen rechtlich **nicht gebunden** sei und somit die Herrschaft über das Gesetzgebungsverfahren behalte. Zudem diene das parlamentarische System ja gerade der **Durchsetzung des Volkswillens**.
- Die wohl überwiegende Auffassung wendet dagegen ein, dass durchaus eine **faktische Bindung** des Parlaments bestünde. Schließlich sei es den Wählern gegenüber nur schwer zu rechtfertigen, zunächst eine Volksbefragung durchzuführen und schließlich doch entgegen dem Ausgang dieser Befragung zu entscheiden.

Literatur

Lübbe-Wolff, Demophobie, 2023, 11 ff.

28 Gesetzesvorbehalt bei staatlichen Leistungen

Für staatliche **Eingriffe** in die Freiheitssphären einzelner Bürger ist der Gesetzesvorbehalt in den Grundrechten ausdrücklich normiert. Kein Grundrechtseingriff ist ohne gesetzliche Ermächtigung denkbar. Nicht explizit im Grundgesetz erwähnt ist dagegen, ob auch die Gewährung staatlicher **Leistungen** zwingend einer gesetzlichen Grundlage bedarf. Daher wird diskutiert,

Streitstand ⇨ **inwieweit diese vom allgemeinen Gesetzesvorbehalt für staatliches Handeln umfasst sind.**

a) Lehre vom Totalvorbehalt

Nach der nur noch selten vertretenen Lehre vom Totalvorbehalt ist nicht nur bei staatlichen Eingriffen, **sondern auch bei staatlicher Leistungsgewährung immer** eine gesetzliche Grundlage erforderlich.

Argumente:

- Das Parlament ist das einzige direkt **durch das Volk legitimierte Organ**, so dass alle staatlichen Entscheidungen auch auf dieses rückführbar sein müssen und insofern einer gesetzlichen Grundlage bedürfen. (Stichwort: ***Demokratieprinzip***)
- Freiheit wird gerade auch durch die Teilhabe an staatlichen Leistungen gewährleistet. Da letztere also immer **freiheitsgewährende Relevanz** haben, ist eine Reglementierung durch Gesetz erforderlich. (Stichwort: ***Freiheit durch Teilhabe***)
- Staatliches Handeln muss immer **nichtdiskriminierend** und zudem voraussehbar sein. Dies wird am besten durch den Erlass von Gesetzen gewährleistet. (Stichwort: ***Gleichheit und Voraussehbarkeit staatlichen Handelns***)

b) Kein Totalvorbehalt

Nach der heute ganz herrschenden Meinung lässt sich aus dem Rechtsstaatsprinzip **kein Totalvorbehalt** des Gesetzes ableiten. Der Gesetzgeber sei nur verpflichtet, „wesentliche" Entscheidungen selbst zu treffen.

Argumente:

- Die Demokratie des Grundgesetzes ist eine **gewaltenteilende Demokratie**, bei der **keinem Staatsorgan *a priori* der Vorrang** gegenüber anderen Staatsorganen zuerkannt werden kann. (Stichwort: ***Gewaltenteilung***)

- Setzt Freiheit die **Teilhabe** an staatlichen Leistungen voraus, so ist es widersprüchlich, einen zwingenden Gesetzesvorbehalt zu fordern: Dieser würde die Gewährung staatlicher Leistungen im Einzelfall gerade **verhindern**. (Stichwort: ***Verhinderung von Teilhabe***)
- Die Gleichheit staatlichen Handelns ist schon durch die Bindung der Verwaltung an Art. 3 GG gewährleistet. (Stichwort: ***Art. 3 bindet auch Verwaltung***) Auch Gesetze können aufgrund der Diskontinuität des Parlaments **keine absolute Vorhersehbarkeit** begründen.

Hinweise

- Was als „wesentliche" Entscheidung anzusehen ist und daher nach ganz überwiegender Auffassung dem Parlamentsvorbehalt unterfällt, ist umstritten. Siehe dazu auch **STREITSTAND 64**.
- Die herrschende Meinung macht von dem Grundsatz, dass ein Gesetz nicht zwingende Grundlage staatlicher Leistungsgewährung sein muss, **Ausnahmen:**
  - Das **BVerfG** etwa sieht eine gesetzliche Grundlage bei staatlichen Leistungen dann als erforderlich an, wenn zwischen der **Begünstigung** eines Bürgers **und** der **Belastung** eines anderen eine **untrennbare Wechselbeziehung** besteht. Ob eine solche Wechselbeziehung vorliegt, sei nach der jeweiligen **Intensität** der Beeinträchtigung von Rechtspositionen Dritter zu beurteilen (***Beispiel:*** *Auswirkungen einer Subventionsvergabe auf das Konkurrenzverhältnis innerhalb eines bestimmten Wirtschaftszweiges*)
  - Für die **Vergabe staatlicher Subventionen** hat das **BVerwG** schließlich ohnehin spezielle Rechtmäßigkeitserfordernisse entwickelt. Danach müssen die zu gewährenden Leistungen im **Haushaltsplan** ausgewiesen und deren **Zweckbestimmung** muss **umrissen** sein (Stichwort: ***Etatlegitimation***). Außerdem sind die Bedingungen der Subventionsvergabe durch **Verwaltungsvorschriften** zu konkretisieren.

Literatur

Maurer/Waldhoff, Allgemeines Verwaltungsrecht, 21. Aufl. 2024, § 6 Rn. 19 ff.

29 Sozialstaatsprinzip als Anspruchsgrundlage

Das Sozialstaatsprinzip ist in Art. 20 I GG („sozialer" Bundesstaat) und Art. 28 I 1 GG („sozialer" Rechtsstaat) verankert. Es ist nicht nur Programmsatz, sondern eine **verbindliche Grundsatznorm**. Umstritten ist jedoch,

Streitstand ⇨ **ob unmittelbar aus dem Sozialstaatsprinzip subjektive Rechte hergeleitet werden können.**

a) Ablehnende Auffassung

Teilweise wird die Ableitung von konkreten Ansprüchen aus dem Sozialstaatsprinzip **abgelehnt**.

Argument:

- Der Verfassungsgeber hat das Sozialstaatsprinzip bewusst nicht in mehr oder weniger konkrete (einklagbare) soziale Grundrechte aufgelöst, sondern als **allgemeines Verfassungsprinzip** ausgestaltet. Verfassungsprinzipien begründen keine Rechtsansprüche zugunsten des Einzelnen.

b) Auffassung vom ausnahmsweisen Anspruchscharakter

Rechtsprechung und überwiegende Lehre sind zwar auch der Auffassung, dass das Sozialstaatsprinzip grundsätzlich keine geeignete Anspruchsgrundlage sei. In Verbindung mit anderen Verfassungsgewährleistungen, etwa Art. 1 I GG, könnten sich **in Ausnahmefällen jedoch Ansprüche**, z.B. auf die Gewährleistung eines Existenzminimums, ergeben.

Argumente:

- Trotz ihres hohen Abstraktionsgrades entfalten auch Staatszielbestimmungen wie das Sozialstaatsprinzip **Bindungswirkung** für die staatlichen Organe. Der Gesetzgeber unterliegt somit einem **Untermaßverbot**.
- In Verbindung mit Art. 1 I GG zwingt das Sozialstaatsprinzip den Gesetzgeber dazu, für alle Bürger die sozialen **Voraussetzungen eines menschenwürdigen Lebens zu gewährleisten**.

Hinweis

Wird einer bestimmten Bevölkerungsgruppe bereits eine soziale Leistung gewährt, so kann der **Gleichheitssatz des Art. 3 I GG** gebieten, auch andere Personen in den Kreis der Leistungsberechtigten mit einzubeziehen.

Literatur

Voßkuhle/Wischmeyer, JuS 2015, 693

Wahlen und Parteien

Das philosophische Ideal der Demokratie ist die Abschaffung der Herrschaft von Menschen über Menschen, die vollständige **Souveränität des Volkes**, wie sie in Art. 20 II 2 GG bildhaft bemüht wird. Allerdings wird man dieses Ideal nie erreichen können, sondern ist immer auf Kompromisse angewiesen. Dabei werden Aspekte der **Praktikabilität** gegen einen möglichst hohen **Grad an Partizipation** abgewogen. Auffälligstes Beispiel ist bereits die Grundentscheidung zugunsten einer repräsentativen im Gegensatz zu einer direkten Demokratie. Zur Vereinfachung des Entscheidungsprozesses wird den Bürgern in der repräsentativen Demokratie die Möglichkeit der unmittelbaren Beteiligung an politischen Entscheidungen genommen.

Diese werden vielmehr durch ihre Repräsentanten getroffen. Umso wichtiger wird die Auswahl dieser Repräsentanten über das Instrument regelmäßiger Wahlen. Auch hier wird das Idealbild einer möglichst gleichmäßigen **Repräsentation** durch Praktikabilitätserwägungen eingeschränkt, etwa bei der Frage nach der Zulässigkeit von Sperrklauseln (s.u. **STREITSTAND 33**). In Konflikt mit dem Repräsentationsprinzip gerät auch der durch Art. 38 I 2 GG gewährleistete **Grundsatz des freien Mandats**. Die Kollision dieser beiden Grundsätze führt an vielen Stellen zu Diskussionen.

Normativer Anknüpfungspunkt für das Repräsentationsprinzip ist **Art. 21 I GG**. Repräsentation wird durch die Parteien gewährleistet, die Wahlentscheidung in erster Linie zugunsten einer Partei und nicht der auf der Liste vertretenen Personen getroffen. Art. 21 I GG gewährleistet den **Parteien** jedoch auch im Übrigen eine zentrale Rolle im politischen Prozess. Diese sollen an der Willensbildung des Volkes maßgeblich mitwirken. Dieser von oben nach unten wirkende Willensbildungsprozess steht allerdings in gewisser Spannung zum Grundgedanken der Demokratie, dass das Volk Ursprung aller Entscheidungen sein soll.

Dieser kurze Überblick soll nur aufzeigen, dass das demokratische System der Bundesrepublik keineswegs vollkommen kohärent, sondern vielmehr von **inneren Spannungen** durchzogen ist, die wiederum Grundlage rechtswissenschaftlicher Diskussion sind. Sie bieten auf der anderen Seite jedoch auch Argumentationsmuster für den Umgang mit unbekannten Klausurproblemen.

In Bezug auf das Wahlrecht und dessen Verhältnis zu den Grundsätzen des Art. 38 I GG ist zu beachten, dass im **März 2023** eine **weitreichende Reform zur Reduzierung der Abgeordnetenzahl** beschlossen wurde. Die Neuregelung des Wahlrechts soll die Zahl der Bundestagsmandate für die Zukunft auf 630 begrenzen. Das neue Bundeswahlgesetz sah außerdem den **Wegfall der sogenannten Grundmandatsklausel** vor, welche besagt, dass eine Partei, die mindestens drei Direktmandate gewinnen konnte, auch dann entsprechend ihrem Zweitstimmenergebnis im Bundestag vertreten ist, wenn sie weniger als 5 Prozent der Zweitstimmen erlangt hat. Zudem **entfallen Überhangs- und Ausgleichsmandate**. Überhangmandate sind zuvor dann angefallen, wenn eine Partei mehr Direktmandate erhalten hat, als ihr nach der Anzahl der Zweistimmen zustehen. Ausgleichsmandate wurden daraufhin anderen Parteien zuteil, um das nach der Zweitstimme bestimmte Verhältnis der Parteien wiederherzustellen.

Mit Urteil vom 30.07.2024 (2 BvF 1/23) hat das BVerfG befunden, dass das neue Bundeswahlgesetz **überwiegend verfassungsgemäß** ist. Nur die 5-Prozent-Sperrklausel, welche Parteien mit unter 5 Prozent der abgegebenen Zweitstimmen von der Sitzverteilung im Parlament ausschließt, hielt das Gericht für verfassungswidrig. Diese gilt bis zur gesetzlichen Neuregelung mit der Maßgabe fort, dass bei der Verteilung der Sitze im Bundestag Parteien mit weniger als 5 Prozent der Zweitstimmen nur dann nicht berücksichtigt werden, wenn ihre Bewerber in weniger als drei Wahlkreisen die meisten Erststimmen erhalten habe. Diese Übergangsregelung ist **an der Grundmandatsklausel orientiert**. Trotz des Urteils ist die Verfassungsmäßigkeit von Teilen des reformierten Bundeswahlgesetzes zum Zeitpunkt der Veröffentlichung dieses Skripts noch **umstritten** (s. z.B. **Streitstand 34**).

Im Einzelnen:

		Seite
30.	Kommunale Wählervereinigungen als Parteien i.S.v. Art. 21 GG	44
31.	Frauenquoten bei Aufstellung von Landeslisten	46
32.	Parteiausschluss und Listenplatz	47
33.	Sperrklauseln bei Kommunalwahlen	48
34.	Ausnahme von Zweitstimmendeckung für unabhängige Wahlkreissieger	50
35.	Mandatsverlust bei Fraktionsaustritt	51
36.	Mandatsverlust gemäß Art. 21 II GG	53

30 Kommunale Wählervereinigungen als Parteien i.S.v. Art. 21 GG

Der Begriff der Partei wird in **§ 2 PartG einfachgesetzlich legaldefiniert**. Eine Voraussetzung von § 2 PartG ist, dass Parteien auf die Willensbildung für den „Bereich des Bundes oder eines Landes“ Einfluss nehmen müssen. Danach wären Wählervereinigungen, die lediglich auf kommunaler Ebene tätig sind (***„Rathausparteien“***), nicht als Parteien anzusehen. Es ist umstritten,

Streitstand ⇨ **ob dieses Erfordernis verfassungskonform ist.**

a) Kommunale Wählervereinigung als Parteien

Vor allem in der Literatur werden auch kommunale Wählervereinigungen teilweise **als Parteien** i.S.d. Grundgesetzes angesehen.

Argument:

- Auch **unterhalb von Bundes- und Landesebene** findet **politische Willensbildung** statt und werden Wahlen abgehalten. Insofern wirken auch kommunale Wählervereinigungen, wie von Art. 21 I 1 GG gefordert, bei der politischen Willensbildung mit.

b) Kommunale Wählervereinigungen keine Parteien

Nach Auffassung des BVerfG sind kommunale Wählervereinigungen dagegen **nicht als Parteien** anzusehen.

Argumente:

- Kommunale Wählervereinigungen haben allein die Angelegenheiten der örtlichen Gemeinschaft im Blick. Art. 21 I GG spricht jedoch von der **Willensbildung des Volkes**. Mit dieser ist, wie der systematische Vergleich mit Art. 20 II GG verdeutlicht, das **gesamte Staatsvolk** gemeint. (Stichwort: ***Volksbegriff***)
- Wären kommunale Wählervereinigungen als Parteien i.S.d. Art. 21 I GG anzusehen, würden daraus auch eine **ausschließliche Verbotskompetenz des BVerfG** (Art. 21 II, IV GG) und eine **ausschließliche Gesetzgebungszuständigkeit des Bundes** (Art. 21 V GG) für diese folgen.
- Kommunen gehören zur Verwaltung. Die Gemeindevertretung übt deshalb **keine politisch-parlamentarische Tätigkeit** aus.

Hinweis

Auch nach Auffassung a) ist § 2 PartG nicht automatisch verfassungswidrig. Jedoch müsste § 2 PartG verfassungskonform ausgelegt werden, wo das PartG Gewährleistungen, die zwingend aus Art. 21 GG folgen, an den in § 2 PartG definierten Parteibegriff knüpft.

31 Frauenquoten bei der Aufstellung von Landeslisten

Die Parteien unterliegen nach Art. 21 I 3 GG (innere Ordnung) auch den (demokratischen) Grundsätzen des Art. 38 GG. Es ist umstritten,

Streitstand ⇨ **ob die Wahlrechtsgleichheit bei der Aufstellung von Landeslisten durch Frauenquoten verletzt wird.**

a) Zulässigkeitslösung

Überwiegend werden Frauenquoten bei der Aufstellung von Landeslisten der Parteien **für zulässig** erachtet.

Argumente:

- Die innere Ordnung von Parteien muss nicht demokratisch sein, sondern **nur demokratischen Grundsätzen** entsprechen. (Stichwort: ***Wortlaut 21 I 3***) Dadurch wird den Parteien i.R. ihrer **Parteiautonomie** ein gewisser **Gestaltungsspielraum** eröffnet: Die Förderung faktischer Gleichstellung von Frauen füllt ihn verfassungskonform, **Art. 3 II GG**, aus.
- Die Mitwirkung der Parteien an der politischen Willensbildung hat das Ziel, den Staat **zur Gesellschaft hin offen** zu halten. Nach Sinn und Zweck von Art. 21 GG sind daher Quotierungen auf Landeslisten zulässig, die gerade dieses Ziel fördern. (Stichwort: ***offener Staat***)

b) Unzulässigkeitslösung

Teilweise wird vertreten, Frauenquoten seien eine **unzulässige Beeinflussung** der Wahl.

Argumente:

- Der Grundsatz der **Gleichheit** gehört zu den Wesenszügen innerparteilicher Wahlen. Quotierungen schließen eine gleiche Chance von Parteimitgliedern auf einen Listenplatz gerade aus. (Stichwort: ***formale Chancengleichheit***)
- Geschlechtsquotierungen bei der Kandidatenaufstellung beeinflussen die Zusammensetzung der Volksvertretungen, **ohne dass der Wähler diese beeinflussen könnte**. Das widerspricht Art. 38 I GG.

Literatur

Butzer, in: Epping/Hillgruber (Hrsg.), BeckOK Grundgesetz, 59. Ed. 2024, Art. 38 GG, Rn. 81 f.

32 Parteiausschluss und Listenplatz

Nach dem Grundsatz der **Unmittelbarkeit** der Wahl, Art. 38 I 1 GG, darf zwischen der Entscheidung des Wählers und dem Wahlergebnis keine weitere Person oder Entscheidung stehen. Die Listenwahl ist grundsätzlich mit diesem Prinzip vereinbar, weil im Zeitpunkt der Wahl feststeht, welche Listenkandidaten gewählt wurden. Nach der Wahl darf die Liste nicht mehr verändert werden. Scheidet ein Bundestagsabgeordneter aus, rückt gemäß § 48 I 1 BWahlG der **nächste** Listenkandidat nach. Umstritten ist,

Streitstand ⇨ **ob mit dem Grundsatz der Unmittelbarkeit der Wahl noch vereinbar ist, dass durch Parteiausschluss das Nachrücken eines Listenkandidaten verhindert werden kann (§ 48 I 2 BWahlG).**

a) These von der Verfassungskonformität

Überwiegend wird vertreten, dass § 48 I 2 GG **verfassungskonform** sei.

Argumente:

- Die Listenkandidaten sind als **Exponenten ihrer Partei** gewählt. Daher ist die Parteizugehörigkeit Voraussetzung für den Einzug eines Listenkandidaten in das Parlament.
- Die Ausschlussmöglichkeit ist nach § 10 IV PartG auf **wenige und eng umgrenzte Ausnahmefälle** beschränkt. Deshalb ist § 48 I 2 BWahlG noch mit dem Grundsatz der Unmittelbarkeit der Wahl zu vereinbaren.

b) These vom Freiwilligkeitsvorbehalt

Teilweise wird vertreten, § 48 I 2 BWahlG sei **nur insoweit** verfassungskonform, wie er die Nichtberücksichtigung von Listenkandidaten anordnet, die **freiwillig** die Partei verlassen haben. Für den Fall des Partei**ausschlusses** sei die Nichtberücksichtigung jedoch **verfassungswidrig**.

Argumente:

- Die **Parteimitgliedschaft** von Listenbewerbern ist nach dem BWahlG **keine Voraussetzung** für den Einzug in den Bundestag.
- Die **nachträgliche** Veränderung der Liste gegen den Willen des Listenkandidaten **widerspricht** dem Grundsatz der **Unmittelbarkeit** der Wahl.

Literatur: *Meyer*, in Isensee/Kirchhof (Hrsg.), Handbuch des Staatsrechts III (2005) § 46 Rn. 17 f.

33 Sperrklauseln bei Kommunalwahlen

Der Gesetzgeber darf bei der Verhältniswahl den **Erfolgswert** der Stimmen unterschiedlich gewichten, soweit es zur Sicherung der Handlungs- und Entscheidungsfähigkeit der Volksvertretung geboten ist. Umstritten ist,

Streitstand ⇨ **ob Sperrklauseln bei Wahlen auf kommunaler Ebene verfassungsmäßig sind.**

a) Unzulässigkeitslösung

Teilweise wird vertreten, die derzeitige Praxis kommunaler Sperrklauseln sei **verfassungswidrig**.

Argument:

- Sperrklauseln **verletzen den Grundsatz der Gleichheit** der Wahl. Dies kann nur ausnahmsweise gerechtfertigt sein, wenn Sperrklauseln zur Erhaltung der Funktionsfähigkeit des Gremiums **zwingend erforderlich** sind. Bei kommunalen Gremien ohne Legislationsbefugnis kann davon nur bei **besonderen und konkreten** Anhaltspunkten ausgegangen werden.

b) Zulässigkeitslösung

Teilweise ist man der Auffassung, kommunale Sperrklauseln seien **verfassungskonform**.

Argument:

- Auch in Gemeindevertretungen besteht die Gefahr, dass Entscheidungsfindungsprozesse durch **große Zersplitterung** der Interessengruppen behindert werden. (Stichwort: ***Zersplitterungsgefahr***) Ob die Volksvertretung über **Legislationsbefugnisse** verfügt, ist insoweit **irrelevant**.

Hinweise

- Die Rechtsprechung der Landesverfassungsgerichte zur Frage der Sperrklauseln auf kommunaler Ebene ist uneinheitlich. Teilweise wird diskutiert, ob die Sperrklausel möglicherweise durch eine **Absenkung auf unter 5 % gerettet** werden kann. Wenn man eine Sperrklausel jedoch als erforderlich ansieht, wird man es in das Ermessen des Gesetzgebers stellen müssen, diese in gewissen Grenzen auszufüllen.

- Der Verfassungsgerichtshof für das Land Nordrhein-Westfalen hat in einem Urteil aus 2017 auch eine Sperrklausel von 2,5 % für die Räten und Kreistage, die Bezirksvertretungen und die Verbandsversammlung des Regionalverbands Ruhr für teilweise landesverfassungswidrig erklärt (s. VerfGH Nordrhein-Westfalen, 21.11.2017 - VerfGH 21/16).

Literatur

Lenz, NVwZ 2019, 1797

34 Ausnahme von Zweitstimmendeckung für unabhängige Wahlkreissieger

Die Wahlrechtsreform 2023 sieht vor, dass Direktmandate, die nicht vom Zweitstimmenergebnis einer Partei gedeckt sind, grundsätzlich entfallen. Ausnahmsweise sieht § 6 II BWahlG weiterhin die Möglichkeit von **Direktmandaten für parteiunabhängige Wahlkreissieger** vor. Umstritten ist nun,

Streitstand ⇨ **ob dies mit der Wahlrechtsgleichheit nach Art. 38 I 1 GG vereinbar ist.**

a) Verfassungswidrigkeit von § 6 II BWahlG

In der Literatur wird die Regelung des § 6 II BWahlG teilweise für **verfassungswidrig** gehalten.

Argumente:

- Die Regelung ist **unvereinbar** mit dem in Art. 38 I 1 GG normierten **Grundsatz der Wahlrechtsgleichheit**, weil parteiunabhängige Kandidaten in ungerechtfertigter Weise gegenüber parteiangehörigen Kandidaten bevorzugt werden.
- Mitglieder einer Partei, die an der Sperrklausel zu scheitern droht, könnten **als Unabhängige antreten** und das Erfordernis der Zweitstimmendeckung so **umgehen**.

b) Verfassungsmäßigkeit von § 6 II BWahlG

Das BVerfG hält das Erfordernis der Zweitstimmendeckung sowie speziell die Regelung in Artikel § 6 II BWahlG dagegen für **verfassungskonform**.

Argumente:

- Die Ungleichbehandlung von unabhängigen Bewerbern und parteiangehörigen Bewerbern ist **gerechtfertigt**. Sie trägt der besonderen Position von unabhängigen Kandidaten Rechnung und sichert das **Wahlvorschlagsrecht** aller Wahlberechtigten unabhängig von politischen Parteien.
- Das grundsätzlich gegebene Erfordernis der Zweitstimmendeckung führt weder in Sachen **Zählwert** noch in Sachen **Erfolgswert** zu einer Ungleichbehandlung von Wahlstimmen.

Literatur

BVerfG, Urteil des Zweiten Senats vom 30. Juli 2024, 2 BvF 1/23

35 Mandatsverlust bei Fraktionsaustritt

Im Grundgesetz besteht ein Spannungsverhältnis zwischen dem durch Art. 38 I 2 GG gewährleisteten freien Mandat des Abgeordneten und der in Art. 21 GG zum Ausdruck gebrachten exponierten Stellung der Parteien im politischen Prozess. Tritt ein Abgeordneter aus seiner Fraktion aus, so vertritt er im Parlament zumeist nicht mehr die Interessen der Partei, für die er in den Bundestag gewählt worden ist. Daher wird in der Literatur diskutiert,

ob durch Bundesgesetz der automatische Verlust des Bundestagsmandats vorgesehen werden könnte, wenn ein Abgeordneter, der über die Liste ins Parlament eingezogen ist, aus Partei oder Fraktion austritt.

a) Automatischer Mandatsverlust bei Fraktionsaustritt

Teilweise wird vertreten, dass durch Bundesgesetz ein **automatischer Mandatsverlust** vorgesehen werden könne.

Argument:

- Da der Bundestag per Verhältniswahl gewählt wird, ist das Mandat **in erster Linie durch die Parteizugehörigkeit legitimiert**. Ein Fraktionsaustritt widerspräche dem Willen des Wählers, der ja in erster Linie die Partei und nicht den bestimmten Abgeordneten gewählt hat (Stichwort: ***parteigebundenes Mandat***). Soweit Art. 38 I 2 GG im Widerspruch zu Art. 21 GG steht, ist er daher einschränkend auszulegen.

b) Mandatsverlust bei Fraktionsaustritt unzulässig

Überwiegend wird demgegenüber eine gesetzliche Regelung, die einen automatischen Mandatsverlust bei Fraktionsaustritt vorsieht, mit Art. 38 I 2 GG für **nicht vereinbar** gehalten.

Argumente:

- Ein automatischer Mandatsverlust bei Fraktionsaustritt widerspräche dem eindeutigen **Wortlaut** von Art. 38 I 2 GG. (Stichwort: ***Wortlaut 38 I 2***)
- Da **Fraktionszwang** durch Art. 38 I 2 GG unstreitig ausgeschlossen wird, wäre es ein seltsames Ergebnis, wenn ein Abgeordneter zwar das Recht hätte, dauernd gegen seine Fraktion zu stimmen, nicht jedoch dasjenige, die formellen Fraktionsbande zu lösen.

- Das Wahlrecht zum Bundestag enthält in Form der Erststimme auch **personale Elemente**. Theoretisch ist es also nicht zwingend, dass jeder Bundestagsabgeordnete einer bestimmten Partei angehört. Insofern ist die Annahme eines rein parteigebundenen Mandats unzutreffend.
- Will man den Mandatsverlust auf Abgeordnete beschränken, die über die Liste ins Parlament eingezogen sind, degradierte man diese gegenüber solchen, die ein Direktmandat errungen haben, zu Abgeordneten zweiter Klasse.

Hinweise

- Innerhalb der Auffassung a) wird teilweise sogar vertreten, dass der Mandatsverlust bei Partei- oder Fraktionsaustritt automatisch aus der Verfassung folge, hierfür also ein Bundesgesetz nicht einmal notwendig sei.
- Als Folge der Gewährleistung des freien Mandats durch Art. 38 I 2 GG wird **Fraktionszwang** (= *die Verpflichtung, nach Votum der Fraktion abzustimmen*) allgemein als unzulässig abgesehen. Zulässig sein soll nach ganz überwiegender Auffassung dagegen **Fraktionsdisziplin** (= *Spielregeln, um einheitliches Erscheinungsbild zu gewährleisten*). Die Unterscheidung zwischen unzulässigem Fraktionszwang und zulässiger Fraktionsdisziplin ist jedoch nicht immer einfach. Als Grundlinie lässt sich festhalten, dass
    - vorherige Verpflichtungen mit **rechtlicher Verbindlichkeit** unter Fraktionszwang zu subsumieren sind,
    - während allein die **nachträgliche faktische Sanktionierung** (z.B. Verlust des Listenplatzes bei der nächsten Wahl) als bloße Fraktionsdisziplin zu qualifizieren ist.

  So wird wohl eine **Verpflichtung zur Rotation** (= zum Wechsel der Abgeordneten) nach der Hälfte der Legislaturperiode, wie sie die Grünen ursprünglich einmal vorgesehen hatten, als unzulässiger Fraktionszwang anzusehen sein.

36 Mandatsverlust gemäß Art. 21 II GG

Gemäß §§ 46 I 1 Nr. 5 BWahlG, 22 II Nr. 5 EuWG führt ein Parteiverbot nach Art. 21 II, IV GG zu einem automatischen Mandatsverlust aller Abgeordneten der betroffenen Partei. Umstritten ist,

Streitstand ⇨ **ob diese Normen verfassungsgemäß sind.**

a) Zulässigkeit der Verknüpfung

Überwiegend wird vertreten, dass die Verknüpfung des Parteiverbots mit dem Verlust des Mandates der Abgeordneten **verfassungsgemäß** sei.

Argumente:

- Durch das Parteiverbot i.S.v. Art. 21 II GG soll vor allem erreicht werden, dass die Betätigung der **Repräsentanten** einer verfassungswidrigen Partei beschränkt wird. Wegen der gleichen Rechte aller Abgeordneten wird dieses Ziel nur Mandatsverlust erreicht. (Stichwort: ***Sinn und Zweck 21 II***)
- Die Abgeordneten haben die Pflicht, ihr Amt im Einklang mit der Verfassung auszuüben. Die Sanktionierung dieser Verpflichtung mit Mandatsverlust ist mit Art. 38 I 2 GG vereinbar, weil der Fall des Parteiverbots in der Verfassung vorgesehenen ist. (Stichwort: In der ***Verfassung angelegte Sanktion***)

b) Unzulässigkeitslösung

Teilweise wird ein Mandatsverlust bei Parteiverbot für **unzulässig** gehalten.

Argument:

- Der Grundsatz des **freien Mandats (Art. 38 I 2 GG)** verbietet eine Verknüpfung zwischen Parteizugehörigkeit und Parlamentsmandat, denn der einzelne Abgeordnete ist von seiner Partei unabhängig legitimiert.

Hinweis

Innerhalb der ganz überwiegenden Auffassung, die die Verbindung von Parteiverbot und Mandatsverlust für verfassungsgemäß hält, ist umstritten, ob der Mandatsverlust unmittelbar aus Art. 21 II GG folgt oder der einfachrechtlichen Konkretisierung bedarf. Das kann aber dahingestellt bleiben, da inzwischen in allen Bereichen **gesetzlich bestimmt** ist, dass die Abgeordneten einer für verfassungswidrig erklärten Partei ihr Mandat verlieren, etwa in § 46 I 1 Nr. 5 BWahlG, § 22 II Nr. 5 EuWG und in allen Landeswahlgesetzen.

Organe des Bundes

So wie im Privatrecht eine juristische Person nicht selbst handeln kann, bedarf auch der Staat, um handlungsfähig zu sein, seiner Organe. Die obersten Organe des Bundes sind jedoch mit Ausnahme des Bundespräsidenten **Kollegialorgane**. Deren reibungsloses Funktionieren setzt zum einen eine Kompetenzverteilung innerhalb der Organe, zum anderen die Regelung von Verfahren zur Beschlussfassung voraus.
Typische Klausurprobleme treten dabei zum einen im Bereich der **internen Organisation des Bundestages** auf. Diese betreffen in erster Linie das Verhältnis von Fraktionen zum Bundestag, die Verwaltungsorganisation und das Abstimmungsverfahren.
Bei der Zuständigkeitsabgrenzung der Organe untereinander sind vor allem die Kompetenzen des Bundespräsidenten ein beliebtes Klausurthema. Diese sind in den Art. 54 – 61 GG nur sehr unvollständig geregelt. Gern verwendetes Argument in diesem Zusammenhang ist die Stellung des Bundespräsidenten als **pouvoir neutre**, die sich aus einem Zusammenspiel der Art. 54 ff. GG sowie der Entstehungsgeschichte des Grundgesetzes ergibt: Der parlamentarische Rat wollte dem Bundespräsidenten im Gegensatz zum Weimarer Reichspräsidenten bewusst keine zentrale politische, sondern vornehmlich eine repräsentative Rolle zugestehen.

Im Einzelnen werden behandelt:

		Seite
37.	Justitiabilität von Immunitätsentscheidungen	55
38.	Gleichzeitige Mitgliedschaft in Bundestag und Bundesrat	56
39.	Anforderungen an Auflösungslage des Bundestages i.S.v. Art. 68 GG	57
40.	Kopplung von Vertrauens- und Sachfrage i.R.v. Art. 68 GG	58
41.	Gesetzesinitiative einzelner Bundestagsabgeordneter	59
42.	Stimmrecht fraktionsloser Abgeordneter in Ausschüssen	60
43.	Zulässigkeit von Funktionszulagen bei der Alimentierung der Abgeordneten	61
44.	Folgen offensichtlicher Beschlussunfähigkeit des Bundestages	63
45.	Grenzen der Zulässigkeit von Untersuchungsausschüssen	64
46.	Wahl des BKanzlers ohne vorherigen Vorschlag des BPräsidenten	65
47.	Bindungswirkung von Koalitionsvereinbarungen	67
48.	Anforderungen an einen Verordnungserlass im Umlaufverfahren	68
49.	Uneinheitliche Stimmabgabe im Bundesrat	70
50.	Verhältnis des Kollegialprinzips zur Richtlinienkompetenz des Bundeskanzlers	72
51.	Gegenzeichnungspflicht für sonstige Amtshandlungen des BPräs	73

37 Justitiabilität von Immunitätsentscheidungen

Die Immunität eines Abgeordneten kann durch Genehmigung des Bundestages eingeschränkt werden, Art. 46 II GG. Dafür ist abweichend von zivilrechtlicher Terminologie eine **vorherige** Zustimmung des Plenums Voraussetzung. Umstritten ist,

Streitstand ⇨ **ob den Abgeordneten ein subjektives Recht auf Immunität zusteht, so dass parlamentarische Immunitätsentscheidungen gerichtlich überprüft werden können.**

a) Theorie vom Doppelbezug

Teilweise wird vertreten, der einzelne Abgeordnete habe einen **Anspruch auf ermessensfehlerfreie Entscheidung** des Parlaments und könne diesen gerichtlich (im Wege des Organstreitverfahrens, Art. 94 I Nr. 1 GG) durchsetzen.

Argument:

- Die Regelungen der Art. 46 ff. GG haben sowohl einen Bezug zum Abgeordneten als auch zur Funktions- und Arbeitsfähigkeit des Parlaments und damit **sowohl eine subjektive als auch eine objektiv-institutionelle** Bedeutung. (Stichwort: ***auch Abgeordnetenschutz***)

b) Objektive Theorie

Teilweise wird vertreten, die betroffenen Abgeordneten könnten gegen die Immunitätsentscheidung des Parlaments **keinen Rechtsschutz** beanspruchen.

Argument:

- Die Immunität dient dem **Schutz der Arbeitsfähigkeit des Parlamentes** und ist daher kein Recht des Abgeordneten. Ihm fehlt es daher an einer subjektiven Rechtsverletzung. (Stichwort: ***nur Parlamentsschutz***)

Hinweis

Umstritten ist ferner, ob der betroffene Abgeordnete bei der Immunitätsentscheidung **selbst mitstimmen** darf: Dagegen wird auf den allgemeinen Rechtsgedanken verwiesen, dass ein Abgeordneter sein **Amt nicht in eigener Sache** ausüben dürfe. Dafür spricht die Gleichheit der Abgeordneten und deren Mitwirkungsrecht in allen vom Parlament zu treffenden Entscheidungen.

38 Gleichzeitige Mitgliedschaft in Bundestag und Bundesrat

§ 2 GO BR legt fest, dass Mitglieder des Bundesrates nicht gleichzeitig dem Bundestag angehören dürfen. Die Verfassungsmäßigkeit dieser Regelung wird in der Literatur streitig diskutiert. Dementsprechend ist umstritten,

Streitstand ⇨ **ob das Mandat eines Bundestagsabgeordneten mit einer Position im Bundesrat vereinbar ist.**

a) Inkompatibilitätstheorie

Überwiegend wird vertreten, dass die Mitgliedschaft im Bundesrat mit der Mitgliedschaft im Bundestag **unvereinbar** sei.

Argument:

- Die Funktion der **gegenseitigen Kontrolle** von Bundestag und Bundesrat als Gesetzgebungsorgane verbietet eine Doppelmitgliedschaft.

b) Kompatibilitätstheorie

Teilweise wird eine Doppelmitgliedschaft in Bundesrat und Bundestag für **möglich** gehalten.

Argumente:

- Das **Grundgesetz sieht kein Verbot der Doppelmitgliedschaft vor**, während Inkompatibilitäten bspw. in Art. 55 I GG ausdrücklich geregelt sind.
- Eine Inkompatibilität zwischen **Mitgliedschaft im Bundestag und in der Bundesregierung** soll nach herrschender Ansicht nicht bestehen, obwohl das Verhältnis der beiden Organe auch in diesem Fall auf **gegenseitige Kontrolle** ausgelegt ist.
- Auch zu Zeiten der **Weimarer Republik** galt eine Mitgliedschaft im Reichstag verfassungsrechtlich nicht als unvereinbar mit einer gleichzeitigen Mitgliedschaft im Reichsrat.

39 Anforderungen an Auflösungslage des Bundestages i.S.v. Art. 68 GG

Da das Grundgesetz die Fälle, in denen der Bundestag aufgelöst werden kann, in den Art. 63 IV, 68 GG abschließend regelt, besitzt der Bundestag **kein Selbstauflösungsrecht**. Allerdings besteht gerade bei Art. 68 I 1 GG die Gefahr einer Umgehung dieses Selbstauflösungsverbotes. So kann die auflösungsbereite Bundestagsmehrheit eine Vertrauensabstimmung initiieren und nach deren Scheitern den Bundeskanzler die Auflösung beantragen lassen. Daher ist umstritten,

Streitstand ⇨ **ob in Art. 68 I GG zusätzliche (ungeschriebene) materielle Tatbestandsvoraussetzungen hineinzulesen sind.**

a) Keine materielle Beschränkung des Art. 68 I GG

Teilweise wird in der Literatur vertreten, dass eine Auflösung bereits dann zulässig sei, wenn die **formellen** Voraussetzungen des Art. 68 I 1 GG vorliegen.

Argumente:

- Der klare **Wortlaut** von Art. 68 I GG lässt keine extensive Auslegung zu. (Stichwort: ***Wortlaut 68 I***)
- Das Missbrauchskriterium ist zu unbestimmt und führt zu erheblicher **Rechtsunsicherheit**.

b) Politische Instabilität als Voraussetzung

Nach überwiegender Auffassung ist eine Auflösung des Bundestages nur zulässig, wenn diese darauf abzielt, durch Neuwahlen eine **„politische Lage der Instabilität"** zu beenden.

Argument:

- Art. 68 I GG will die Auflösungsmöglichkeit des Bundestages einschränken. Sie soll **nur bei Handlungsunfähigkeit** des Parlaments möglich sein. Entsprechend dieser Zwecksetzung ist in Art. 68 I GG aus **teleologischen Gesichtspunkten** ein zusätzliches materielles Kriterium hineinzulesen, um **Missbrauch zu vermeiden**. (Stichwort: ***teleologische Restriktion***)

Literatur

*BVerfG*E 62, 1

40 Kopplung von Vertrauens- und Sachfrage i.R.v. Art. 68 GG

Im Fall der **Regierungskrise** hat der Bundeskanzler nach Art. 68 GG die Möglichkeit, die **Vertrauensfrage** zu stellen. Umstritten ist,

Streitstand ⇨ **ob die Vertrauensfrage auch mit einer Sachfrage gekoppelt werden darf.**

a) Unzulässigkeitslösung

Teilweise wird vertreten, die **Koppelung** von parlamentarischen Sachentscheidungen mit der Vertrauensfrage durch den Bundeskanzler sei **unzulässig**.

Argumente:

- Die Verfahrensautonomie des Bundestages erlaubt allein der Volksvertretung, eine *En-Bloc*-Abstimmung über Vertrauens- und Sachfrage zu beschließen. Der Bundeskanzler darf **über die Koppelung keinen Einfluss auf die parlamentarische Arbeit nehmen**. (Stichwort: ***Parlamentsautonomie***)
- In Art. 81 I 2 GG wird eine Verbindung nur im Sinne eines **zeitlichen** Zusammenhangs bestimmt: Eine einheitliche Abstimmung über beide Abstimmungsgegenstände wird **gerade nicht** vorgesehen. (Stichwort: ***Umkehrschluss Art. 81 I 2***)
- Auch die **unterschiedlichen Mehrheitserfordernisse** bei Sach- und Vertrauensfrage sprechen gegen die Möglichkeit einer einheitlichen Abstimmung. (Stichwort: ***verschiedene Mehrheiten***)

b) Zulässigkeitslösung

Überwiegend wird eine Kopplung von Sach- und Vertrauensfrage durch den Bundeskanzler für **zulässig** gehalten.

Argumente:

- Art. 81 I 2 GG setzt die Zulässigkeit einer Verbindung von Vertrauens- und Sachfrage notwendig voraus. (Stichwort: ***Art. 81 I 2***)
- Die Regierung ist zur Realisierung ihrer Politik essenziell auf den Gesetzgeber angewiesen; daher ist es rechtlich erforderlich, dem Bundeskanzler die Möglichkeit zu geben, **Druck auf das Parlament** auszuüben. (Stichwort: ***Druckmittel***)

Literatur: *Schönberger*, JZ 2002, 211; *Voßkuhle/Schemmel*, JuS 2020, 736

41 Gesetzesinitiative einzelner Bundestagsabgeordneter

Nach Art. 76 I GG können Gesetzesinitiativen unter anderem „aus der Mitte des Bundestages“ eingebracht werden. § 76 I GOBT sieht vor, dass Vorlagen aus der Mitte des Bundestages von einer Fraktion oder von 5 % der Mitglieder des Bundestages unterzeichnet sein müssen. Umstritten ist,

Streitstand ⇨ **ob darin eine verfassungskonforme Konkretisierung des Art. 76 I GG gesehen werden kann.**

a) Keine verfassungskonforme Konkretisierung

Die durch § 76 I GOBT vorgenommene Konkretisierung wird teilweise für **unzulässig** gehalten.

Argumente:

- Der **Wortlaut** „aus der Mitte des Bundestages“ rechtfertigt nicht die Aufstellung eines Quorums. (Stichwort: ***offener Verfassungswortlaut***)
- Die Verwirklichung der durch **Art. 38 I 2 GG** gewährten **Freiheit des Mandats** setzt voraus, dass dem Abgeordneten auch ohne den Rückhalt einer Fraktion ein **volles Beteiligungs- und damit auch Initiativrecht** im Gesetzgebungsverfahren zusteht. (Stichwort: ***38 I 2***)

b) Verfassungskonformität des § 76 I GOBT

Die überwiegend vertretene Gegenauffassung hält die durch § 76 I GOBT getroffene Konkretisierung für **zulässig**.

Argumente:

- Der Bundestag hat bei der Regelung der eigenen Organisation weitgehende **Autonomiebefugnisse**. Die durch § 76 I GOBT vorgenommene Konkretisierung bewegt sich innerhalb des zulässigen Spielraums. (Stichwort: ***Parlamentsautonomie***)
- Die **Funktionsfähigkeit des Parlaments** wäre gefährdet, müsste sich der Bundestag auch mit von vornherein aussichtslosen Gesetzesinitiativen befassen. (Stichwort: ***effektive Parlamentsarbeit***)
- Auch in den anderen Fällen des Art. 76 I GG sind nur Gruppen initiativberechtigt. (Stichwort: ***Systematik***)

Literatur

Hebeler, JA 2017, 413

42 Stimmrecht fraktionsloser Abgeordneter in Ausschüssen

Die eigentliche Parlamentsarbeit erfolgt in Ausschüssen. Deren Mitglieder werden nach § 57 II 1 GOBT von den Fraktionen benannt. Der fraktionslose Abgeordnete könnte daher keine politische Wirksamkeit im Bundestag entfalten. Dies ist mit Art. 38 I 2 GG nicht vereinbar, denn alle Abgeordneten haben ein **Recht auf gleichmäßige Beteiligung im Parlament**. Daher ist anerkannt, dass der fraktionslose Abgeordnete in einem Ausschuss mit **Rede- und Antragsrecht** teilnehmen darf (vgl. § 57 I GOBT). Umstritten ist hingegen,

Streitstand ⇨ **ob ihm im Ausschuss auch ein Stimmrecht zusteht.**

a) Stimmrechtsausschluss

Nach überwiegender Auffassung gebietet die Verfassung es **nicht**, dem fraktionslosen Abgeordneten im Ausschuss ein Stimmrecht zu gewähren.

Argumente:

- In den Ausschüssen werden zumeist **keine endgültigen Entscheidungen** getroffen. (Stichwort: ***bloße Vorbereitung***) Daher kann der fraktionslose Abgeordnete sein Partizipationsrecht **bei den Abstimmungen des Plenums** über die Ausschussvorlage geltend machen.
- Das Stimmrecht eines fraktionslosen Abgeordneten im Ausschuss würde diesem **zu überproportionaler Wirksamkeit** verhelfen. Um eine effektive Ausschussarbeit zu gewährleisten, muss die Mehrheitsfähigkeit der Ausschussvorlagen durch eine entsprechend repräsentative Zusammensetzung gewährleistet werden. (Stichwort: ***„verkleinertes Parlament"***)

b) Stimmrecht

Die Gegenauffassung hält es für **unzulässig**, dem fraktionslosen Abgeordneten das **Stimmrecht** im Ausschuss **vorzuenthalten**.

Argumente:

- Ein Ausschluss des Stimmrechts wäre ein Verstoß gegen das Gebot der **formalen Gleichheit** aller Abgeordneten, Art. 38 I 1 GG. (Stichwort: ***formale Gleichheit***)
- Im Plenum wird nur noch über die Vorlage **als Ganzes** abgestimmt, nicht mehr über einzelne Details. Die Beteiligung im Plenum ist daher keine ausreichende Kompensation für die Vorenthaltung des Stimmrechts im Ausschuss. (Stichwort: ***Detailabstimmung nur im Ausschuss***)

43 Zulässigkeit von Funktionszulagen bei der Alimentierung der Abgeordneten

Das Recht der Bundestagsabgeordneten auf eine angemessene Entschädigung ist in Art. 48 III 1 GG normiert. Fraglich ist dabei,

Streitstand ⇨ **ob das Parlament für bestimmte Funktionen in der Fraktion, etwa den Fraktionsvorsitzenden oder den parlamentarischen Geschäftsführer, Zulagen bei der Alimentierung vorsehen darf.**

a) Unzulässigkeit jeglicher Funktionszulagen

Im Schrifttum werden zum Teil Funktionszulagen jeglicher Art für **unzulässig** gehalten.

Argumente:

- Die in Art. 38 I 1 GG garantierte **Gleichheit der Abgeordneten** verbietet eine Ungleichbehandlung bei der Alimentierung, da Art. 48 III GG insoweit nur eine Konkretisierung des allgemeinen **Art. 38 I GG** darstellt.
- Die ohnehin starke **Abhängigkeit der Abgeordneten von ihrer Partei** würde durch Funktionszulagen für Fraktionsposten weiter verstärkt. (Stichwort: ***Parteiabhängigkeit vermeiden***)
- Funktionszulagen führen zu einer der Verfassung zuwiderlaufenden **Hierarchisierung des Parlaments**.

b) Grundsätzliche Zulässigkeit von Funktionszulagen

Die extreme Gegenposition **befürwortet** die generelle Zulässigkeit von Funktionszulagen.

Argument:

- Die Wahrnehmung von Funktionen innerhalb der Fraktion ist mit einer gegenüber dem einfachen Abgeordnetenstatus **erhöhten Belastung** verbunden. Dieser **Mehraufwand** sollte sich auch in einer entsprechenden höheren Entschädigung niederschlagen. (Stichwort: ***Belastungsproportionalität***)

c) Vermittelnde Auffassung

Überwiegend (insbesondere vom BVerfG) wird eine vermittelnde Ansicht vertreten: Zwar gebiete das repräsentative Mandat **grundsätzlich eine formal anzusetzende Gleichbehandlung**. Von diesem Grundsatz seien jedoch **Ausnahmen** möglich, wenn sie zur Erhaltung der Funktionsfähigkeit des Parlaments zwingend geboten seien.

Argumente:

- Die Kompetenz des Bundestages zur Erstellung einer eigenen Geschäftsordnung in Art. 40 I 2 GG ist exemplarisch für eine weitgehende **Parlamentsautonomie** bei der Regelung der eigenen Angelegenheiten. Kraft dieser Regelungsautonomie kann das Parlament auf geänderte politische Rahmenbedingungen mit dem **Ausbau eigener parlamentarischer Organisationsstrukturen** reagieren. Im modernen Parlament bedarf es einer Koordination der politischen Willensbildung, die durch bestimmte Funktionsträger in den Fraktionen wahrgenommen werden. (Stichwort: ***Organisationshoheit des Parlaments***)
- Dennoch ist eine **Hierarchisierung des Parlaments** nach Möglichkeit dadurch zu vermeiden, dass den Abgeordneten sachliche und nicht finanzielle Anreize zum parlamentarischen Handeln anregen.

Hinweis

Konkret ausgestaltet sind die Funktionszulagen entsprechend der vermittelnden Ansicht des BVerfG seit 2014 in **§ 11 II AbgG** – dort als Amtszulagen bezeichnet. Danach erhalten der Bundestagspräsident, sein Stellvertreter, die Vorsitzenden der Ausschüsse, der Untersuchungsausschüsse, der Enquete-Kommissionen sowie des Parlamentarischen Kontrollgremiums bestimmte festgelegte Zulagen.

Unzulässig sind dagegen Funktionszulagen für stellvertretende Fraktionsvorsitzende, parlamentarische Geschäftsführer sowie die Vorsitzenden der Fraktionsarbeitskreise. Anders als beim Fraktionsvorsitzenden bezieht sich deren Arbeit lediglich auf einen Teilbereich der parlamentarischen Arbeit. Zudem haben es die Fraktionen selbst in der Hand, die Anzahl entsprechender Funktionsträger zu bestimmen, so dass hier die Gefahr einer Hierarchisierung besonders deutlich hervortritt.

Literatur

*BVerfG*E 102, 224

44 Folgen offensichtlicher Beschlussunfähigkeit des Bundestages

Die Beschlussfähigkeit des Bundestages ist in § 45 GOBT geregelt. Erforderlich ist, dass mehr als die **Hälfte der Mitglieder des Bundestages im Sitzungssaal anwesend** ist. Nach § 45 II GOBT wird die Beschlussfähigkeit jedoch so lange **vermutet**, bis das Gegenteil vor der Abstimmung festgestellt wird. Umstritten ist,

Streitstand ⇨ **ob ein Gesetzesbeschluss verfassungsmäßig ist, wenn der Bundestag <u>offensichtlich</u> beschlussunfähig war.**

a) Durchbrechungstheorie

Teilweise wird vertreten, dass bei offensichtlicher Beschlussunfähigkeit des Bundestages die Vermutungsregel aus **§ 45 II GOBT nicht mehr eingreife**.

Argument:

- Aus dem Prinzip der **repräsentativen Demokratie** folgt, dass das Parlament die wesentlichen Entscheidungen treffen muss. Das ist dann nicht mehr der Fall, wenn offensichtlich nur ein Bruchteil der Abgeordneten anwesend war. (Stichwort: ***Repräsentationsgedanke***)

b) Formaler Begriff der Beschlussunfähigkeit

Überwiegend ist man der Auffassung, dass auch bei offensichtlicher Beschlussunfähigkeit mit Mehrheit i.S.v. Art. 42 II GG gefasste Entscheidungen des Bundestages **wirksam** sind.

Argumente:

- So lange gewährleistet ist, dass die Entscheidungen des Bundestages in Fraktionen und Ausschüssen vorbereitet werden (Stichwort: ***arbeitsteiliges Parlament***), ist das Prinzip repräsentativer Demokratie nicht verletzt, auch wenn nur ein Bruchteil der Abgeordneten bei der Beschlussfassung im Plenum anwesend war. (Stichwort: ***Vorbereitung in Ausschüssen***)
- Um **Rechtssicherheit** zu gewährleisten, stellt das Grundgesetz bewusst auf ein **formales Kriterium** ab. (Stichwort: ***Klarheit bei Parlamentsbeschlüssen***) Dies sollte nicht durch unklare Kriterien wie das der „offensichtlichen Beschlussunfähigkeit“ aufgeweicht werden.

Literatur

Pracht/Ehmer, JuS 2019, 531

45 Grenzen der Zulässigkeit von Untersuchungsausschüssen

Umstritten ist,

Streitstand ⇨ **ob ein „öffentliches Interesse" am Untersuchungsgegenstand besondere Zulässigkeitsvoraussetzung für parlamentarische Untersuchungsausschüsse ist.**

a) Vermutungslösung

Teilweise wird vertreten, ein „öffentliches Interesse" am Untersuchungsgegenstand sei **nicht gesondert zu prüfen**.

Argumente:

- Das „öffentliche Interesse" wird im PUAG nicht mehr als Zulässigkeitsvoraussetzung für Untersuchungsausschüsse genannt. (Stichwort: ***PUAG***)
- Es ist mit Antragstellung durch ein Viertel der Mitglieder des Bundestages vielmehr **unwiderleglich zu vermuten**.

b) Lösung vom notwendigen öffentlichen Interesse

Ganz überwiegend wird angenommen, dass Untersuchungsausschüsse **nur Angelegenheiten von öffentlichem Interesse** zum Gegenstand haben dürfen, was als besondere Zulässigkeitsvoraussetzung **gesondert zu prüfen** sei.

Argument:

- Nach § 1 III PUAG sind Untersuchungsausschüsse nur im Rahmen der verfassungsmäßigen Zuständigkeit des Bundestages zulässig. Diese ist aber nur bei öffentlichem Interesse gegeben. (Stichwort: ***1 III PUAG***)

Hinweise

- Im öffentlichen Interesse liegt anerkanntermaßen die **Kontrolle von Regierung und Verwaltung** durch das Parlament. Umstritten ist jedoch, ob dazu auch die Untersuchung **gesellschaftlicher, wirtschaftlicher und privater Angelegenheiten** zählen kann.
- Art. 44 GG gilt gemäß Art. 45a III GG nicht für **Verteidigungsausschüsse**. Diskutiert, aber überwiegend verneint wird die Frage, ob der Bundestag dem Verteidigungsausschuss **Untersuchungsaufträge** erteilen darf.

Literatur: *Wiefelspütz*, NVwZ 2002, 10

46 Wahl des Bundeskanzlers ohne vorherigen Vorschlag des Bundespräsidenten

In Art. 63 I GG ist vorgesehen, dass der im ersten Wahlgang zur Wahl stehende Bundeskanzler **vom Bundespräsidenten vorzuschlagen** ist. Umstritten ist,

Streitstand ⇨ **ob ein Kanzler auch ohne Vorschlag des Bundespräsidenten gewählt werden kann, wenn dieser sich aufgrund unklarer Mehrheitsverhältnisse weigert, einen Kandidaten vorzuschlagen.**

a) Wahl ohne Vorschlag nicht möglich

Vereinzelt wird vertreten, dass eine wirksame Wahl des Bundeskanzlers ohne entsprechenden Vorschlag des Bundespräsidenten **nicht möglich** sei.

Argumente:

- Der insofern eindeutige **Wortlaut** des Art. 63 I GG sieht zwingend einen Vorschlag des Bundespräsidenten vor; auf diesen kann gemäß Abs. 4 erst im zweiten Wahlgang verzichtet werden. (Stichwort: ***Wortlaut***)
- Der Verwirkungsgedanke trägt nicht: Dieser setzte voraus, dass das Vorschlagsrecht des Bundespräsidenten ein subjektives Recht ist. Art. 63 I GG kommt allerdings nur objektiv-rechtlicher Gehalt zu. (Stichwort: ***kein verwirkbares subjektives Recht***)

b) Wahl ausnahmsweise auch ohne Vorschlag zulässig

Überwiegend wird dagegen angenommen, dass **nach angemessener Frist** die Wahl eines Bundeskanzlers auch **ohne vorherigen Vorschlag** des Bundespräsidenten zulässig sei.

Argumente:

- Das Grundgesetz weist dem Bundespräsidenten in Art. 63 I GG lediglich die Aufgabe eines „**Geburtshelfers**" zu. Diesem sollte keinesfalls die Möglichkeit eingeräumt werden, die Kanzlerwahl zu blockieren oder dem Parlament gar den eigenen Kandidaten aufzudrücken (Stichwort: ***Funktion des Art. 63 I GG***)
- Wenn der Bundespräsident keinen Kanzlerkandidaten vorschlägt, verwirkt er sein Recht aus Art. 63 I GG. (Stichwort: ***Verwirkung***)
- Diese „schwache" Position des Bundespräsidenten wird unterstützt durch einen **systematischen Vergleich mit Abs. 4**, bei dem im zweiten Wahlgang ein Vorschlag des Bundespräsidenten gar nicht mehr notwendig ist.

Hinweise

- Bei der Frage, was unter einer **angemessenen Frist** zu verstehen ist,
  - wird vorgeschlagen, etwa auf den Zeitpunkt abzustellen, in welchem erkennbar wird, dass eine Mehrheit hinter einem der Kandidaten steht.
  - Ein weiterer Vorschlag geht dahin, auf den Termin der (korrekt auf die Tagesordnung gesetzten) Kanzlerwahl abzustellen, da der Bundespräsident bis dahin ausreichend Zeit habe, sein eigenes Vorschlagsrecht auszuüben.
- Umstritten ist auch, ob das **Ermessen des Bundespräsidenten** beim Vorschlag eines bestimmten Kanzlers rechtlich gebunden ist. Die Vorschläge reichen hier
  - von der völligen Ermessensfreiheit
  - über die Gewähr der Verfassungstreue
  - bis hin zu bestimmten politischen Konstellationen (Mehrheitsfähigkeit des Kandidaten; Wahlsieger).

  Argumentationstopoi sind etwa
  - **für Berücksichtigung politischer Konstellationen:** die bloße Hilfsfunktion des Bundespräsidenten
  - **für Ablehnung einer Ermessensbindung:** die Letztentscheidungsmacht des Parlaments.
- Teilweise wird versucht, einer Blockade des Bundestages durch **andere dogmatische Ansätze** entgegenzuwirken:
  - So wird vorgeschlagen, dass Art. 67 I GG, die Vorschrift über das konstruktive Misstrauensvotum, auch nach einer Bundestagswahl gegen den zu dieser Zeit noch geschäftsführend amtierenden alten Bundeskanzler statthaft sei (***Dagegen***: Dies würde die Systematik des Art. 63 GG aushebeln).
  - Weitere Vorschläge zielen auf eine Präsidentenanklage oder ein Organstreitverfahren vor dem Bundesverfassungsgericht ab. Deren Nachteil wäre jedoch die lange Dauer, in der die Bundesrepublik ohne handlungsfähige politische Führung bliebe.

Literatur: *Austermann*, DÖV 2013, 865

47 Bindungswirkung von Koalitionsvereinbarungen

Da die absolute Mehrheit einer Partei auf Bundesebene die Ausnahme geblieben ist, werden Regierungen regelmäßig aus Koalitionen mehrerer Parteien gebildet. Umstritten ist,

Streitstand ⇨ **ob die diesen zugrunde liegenden Koalitionsvereinbarungen rechtlich verbindlich sind.**

a) Lediglich politische Bedeutung

Überwiegend wird Koalitionsvereinbarungen ihre rechtliche Verbindlichkeit **abgesprochen**.

Argumente:

- Den Parteien einer Koalitionsvereinbarung **fehlt der Rechtsbindungswille**. Die Vereinbarung soll nur so lange verbindlich sein, wie sie für politisch opportun gehalten wird. (Stichwort: ***politischer Vorbehalt***)
- Koalitionsvereinbarungen wirken durch **faktischen Zwang**, sich nicht ohne Grund von den getroffenen politischen Zusagen zu lösen. Dieser wird durch die **Öffentlichkeit** ausgeübt. Er ist **politischer, nicht rechtlicher Natur**. (Stichwort: ***„nur" Öffentlichkeitsdruck***)

b) Rechtlich verbindlicher Verfassungsvertrag

Teilweise werden Koalitionsvereinbarungen für **rechtlich verbindlich** gehalten.

Argument:

- Die **Funktionsfähigkeit von Koalitionen** setzt eine **normative Grundlage** voraus. Diese kann jedoch nur in einer auch rechtlich verbindlichen Vereinbarung liegen.

Hinweise

- Selbst die Verfechter einer rechtlichen Verbindlichkeit von Verfassungsverträgen halten diese überwiegend **nicht** für **justitiabel**.
- Innerhalb der Auffassung, die von einer rechtlichen Verbindlichkeit der Koalitionsvereinbarungen ausgeht, ist deren genaue **Rechtsnatur** umstritten. Überwiegend wird ein verfassungsrechtlicher Vertrag angenommen, zum Teil werden die Vereinbarungen jedoch auch als verwaltungs- oder gar bürgerlichrechtlicher Vertrag qualifiziert.

Literatur: *Schenke*, in Kahl/Waldhoff/Walter, Bonner Kommentar zum Grundgesetz, 183. Aktualisierung März 2017, Art. 63 Rn. 74 ff.

48 Anforderungen an einen Verordnungserlass im Umlaufverfahren

Gemäß Art. 80 I GG kann auch die Bundesregierung als Kollegialorgan Adressat einer Verordnungsermächtigung sein. In diesen Fällen ist es **gängige Praxis**, den Verordnungserlass im sogenannten Umlaufverfahren durchzuführen. Dabei leitet der Chef des Bundeskanzleramts den Ministern und Ministerinnen den Verordnungsentwurf zu und setzt ihnen eine gewisse Frist zur Zustimmung (vgl. § 20 II GOBReg.). Auf die gemeinsame Beratung in gemeinschaftlicher Sitzung (§ 20 I GOBReg.) wird verzichtet. Umstritten ist,

Streitstand ⇨ **welche Anforderungen an die Zustimmung im Umlaufverfahren zu stellen sind.**

a) Schweigen als Zustimmung ausreichend

Teilweise wird es für ausreichend erachtet, dass das **Nichterfolgen eines Widerspruchs** innerhalb der gesetzten Frist **als Zustimmung gewertet** wird. (Stichwort: ***Einwendungsausschlussverfahren***)

Argument:

- Für eine Zurechung von Entscheidungen ist es ausreichend, dass alle Mitglieder der Bundesregierung in das Verfahren **miteinbezogen** worden sind und die **Möglichkeit zur Zustimmung** hatten. (Stichwort: ***Legitimation durch Partizipationsmöglichkeit***)

b) Ausdrückliche Zustimmung erforderlich

Die inzwischen überwiegende Auffassung hält eine **ausdrückliche Zustimmung** für erforderlich.

Argumente:

- Von einer dem entsprechenden Minister **zurechenbaren Willensäußerung** kann nur die Rede sein, wenn dieser von der anstehenden Entscheidung **tatsächlich Kenntnis** erlangt hat und seine Reaktion tatsächlich auf einem entsprechenden Willensentschluss beruhte. Dies kann jedoch bei bloßem Schweigen nicht sichergestellt werden, da dieses neben einem Willensentschluss auch noch andere Ursachen (etwa Organisationsfehler innerhalb der Behörde) haben kann.

- Im Regelverfahren ist zur Beschlussfähigkeit die Anwesenheit von mindestens der Hälfte der Mitglieder der Bundesregierung einschließlich des Vorsitzenden erforderlich, § 24 I GOBReg. Dieses Erfordernis gilt auch für das Umlaufverfahren. Wird die Zustimmung im Umlaufverfahren nicht ausdrücklich erteilt, fehlt es aber an der Gewissheit über die Teilnahme an der Abstimmung und damit über die Einhaltung des Quorums. (Stichwort: ***Quorum***)

Hinweise

- Die Geschäftsordnung der Bundesregierung (GOBReg.) beruht auf der verfassungsrechtlichen Grundlage des Art. 65 S. 4 GG.
- Nach der Rechtsprechung des BVerfG setzt eine wirksame Beschlussfassung der Bundesregierung voraus, dass jeweils folgende materiellen Zurechnungskriterien erfüllt sind: (Stichworte: ***Information, Quorum, Majorität***)
  - Information der Regierungsmitglieder: §§ 15 I, 20 I und 21 GOBReg.
  - Einhaltung des Quorums: § 24 I GOBReg.
  - Beschlussfassung mit Stimmenmehrheit: § 24 II GOBReg.

Literatur

Epping, DöV 1995, 719; *Remmert*, in: Dürig/Herzog/Scholz (Hrsg.), Grundgesetz-Kommentar, 104. EL April 2024, Art. 80 GG, Rn. 76 ff.

49 Uneinheitliche Stimmabgabe im Bundesrat

Die Stimmen eines Bundeslandes müssen im Bundesrat nach Art. 51 III 2 GG einheitlich abgegeben werden. Umstritten ist,

Streitstand ⇨ **welche Auswirkung eine uneinheitliche Stimmabgabe hat.**

a) Stimmführerlösung

Eine selten vertretene Auffassung hält die divergierenden Stimmen trotz der Uneinheitlichkeit für **gültig** und ermittelt ihren Inhalt anhand der Stimme des Ministerpräsidenten.

Argument:

- Es kann nicht jedes einzelne Bundesratsmitglied in der Hand haben, die Stimmen seines Landes irreparabel zu löschen. Der Vorrang des Ministerpräsidenten ist **praxisnah**.

b) Partielle Unwirksamkeitslösung

Weit überwiegend wird von einer **Ungültigkeit** der uneinheitlich abgegebenen Stimmen ausgegangen. Die Abstimmung insgesamt bleibe davon unberührt.

Argumente:

- Der Wortlaut von Art. 51 III 2 GG indiziert die rechtliche Wirkungslosigkeit der uneinheitlichen Stimmen. (Stichwort: ***Wortlaut***)
- Nach der *ratio* des Art. 51 III 2 GG soll die einheitliche Repräsentation jedes Landes im Bundesrat gesichert werden. Würde man uneinheitlichen Stimmen den vollen Zählwert zukommen lassen, würde dieser Zweck verfehlt werden. (Stichwort: ***einheitliche Repräsentation***)
- Wäre der Ministerpräsident als Stimmführer wirklich letztentscheidungsbefugt, bestünde die Möglichkeit uneinheitlicher Stimmabgaben schon tatbestandlich nicht, so dass Art. 51 III 2 GG überflüssig wäre.

Hinweise

- Nach einer älteren Literaturansicht sollte das gespaltene Votum eines Landes dazu führen, dass die **gesamte** Abstimmung an einem Fehler leidet. Sie sei daher unwirksam und müsse wiederholt werden. Dagegen spricht jedoch bereits, dass es nicht jedem Bundesratsmitglied möglich sein kann, sämtliche Beschlüsse des Bundesrats zu blockieren.

- Die Mitglieder des Bundesrates sind an **Weisungen der Landesregierungen** gebunden. Das wird aus der ausdrücklichen Freistellung von Weisungen bei den Beratungen und Abstimmungen im Vermittlungsausschuss nach Art. 77 II 3 GG und im Gemeinsamen Ausschuss nach Art. 53a I 3 Hs. 2 GG im Wege eines Umkehrschlusses abgeleitet. Es folgt auch daraus, dass die Stimmen eines Landes nach Art. 51 III 2 GG nur einheitlich abgegeben werden können. Umstritten ist die Rechtsfolge von **weisungswidrigen Stimmabgaben**.
  - Nur selten wird vertreten, dass weisungswidrige Stimmabgaben im Bundesrat unberücksichtigt bleiben müssten. Bei Abstimmungen im Bundesrat komme es auf den Länderwillen an.
  - Ganz überwiegend ist man der Auffassung, dass entgegen der Weisung abgegebene Stimmen **gültig** bleiben. Die Verpflichtung zu weisungskonformem Verhalten bestehe allein gegenüber dem Land bzw. der Landesregierung, ohne auf das Verhältnis zum Bundesrat Einfluss zu nehmen. Die Weisungswidrigkeit der Stimmabgabe könne daher die Wirksamkeit des Willensbildungsprozesses im Bundesorgan „Bundesrat“ nicht berühren.
- Ein Land kann sich um Bundesrat auch **der Stimme enthalten**. Da Beschlüsse aber immer mit absoluter Mehrheit gefasst werden (Art. 53 III 1 GG), führt Stimmenthaltung faktisch zu einer Abstimmung mit „**nein**“.

Literatur

BVerfG, DVBl. 2003, 194; *Voßkuhle/Kaufhold*, JuS 2020, 1160

50 Verhältnis des Kollegialprinzips zur Richtlinienkompetenz des Bundeskanzlers

Das Grundgesetz kennt für die Bundesregierung sowohl die **Richtlinienkompetenz** des Kanzlers (Art. 65 S. 1 GG) als auch das **Kollegialprinzip** (Art. 65 S. 3 GG). Umstritten ist,

Streitstand ⇨ **wie diese beiden Institute zueinander im Verhältnis stehen.**

a) Vorrang der Richtlinienkompetenz

Nach überwiegender Auffassung geht die Richtlinienkompetenz des Bundeskanzlers dem Kollegialprinzip vor. Das Kabinett habe sich mit seinen Beschlüssen **innerhalb der vom Kanzler gesetzten Richtlinien** zu halten.

Argumente:

- Im Grundgesetz ist eine **Tendenz zur Kanzlerdemokratie** angelegt, die insbesondere dadurch zum Ausdruck gebracht wird, dass die Bundesminister allein auf Vorschlag des Kanzlers ernannt und entlassen werden, Art. 64 I GG. (Stichwort: ***Kanzlerdemokratie***)
- Im Text des Art. 65 GG ist das Kanzlerprinzip **vor** dem Kabinetts- und dem Kollegialprinzip normiert, was auf **dessen Priorität** hindeutet. (Stichwort: ***Systematik des Art. 65***)

b) Ministeradressierung der Richtlinien

Die Gegenauffassung vertritt, dass **Adressaten** der Richtlinien des Bundeskanzlers **allein Bundesminister**, nicht jedoch das Kabinett als Kollegialorgan sein könnten.

Argumente:

- Der **Wortlaut** des Art. 65 GG lässt an einem reinen Kanzlerprinzip zweifeln: Allein das Ressortprinzip in S. 2 unterliegt danach den Schranken der Richtlinienkompetenz, nicht jedoch das Kollegialprinzip des S. 3. (Stichwort: ***Wortlaut***)
- Speziell für **Gesetzesinitiativen der Bundesregierung** nach Art. 76 GG ist zu berücksichtigen, dass ein absoluter Vorrang der Richtlinienkompetenz des Bundeskanzlers diesem *de facto* die Möglichkeit zu Gesetzesinitiativen oder zumindest zur Blockade von Gesetzesinitiativen der Kabinettsmehrheit gäbe. Dadurch würde jedoch die **Kompetenzzuweisung des Art. 76 GG** missachtet. (Stichwort: ***kein Gesetzesinitiativrecht des Bundeskanzlers***)

51 Gegenzeichnungspflicht (Art. 58 GG) für sonstige Amtshandlungen des BPräs.

„Anordnungen und Verfügungen" des Bundespräsidenten bedürfen nach Art. 58 GG der **Gegenzeichnung** durch den Bundeskanzler oder einen Bundesminister. Umstritten ist,

Streitstand ⇨ **ob darunter nur Rechtsakte oder auch sonstige Amtshandlungen des BPräs. fallen.**

a) Enge Auffassung

Überwiegend wird für richtig gehalten, dass **nur rechtsförmliches Handeln** des Bundespräsidenten einer Gegenzeichnung bedürfe.

Argumente:

- Der Wortlaut „**Anordnungen und Verfügungen**" deutet auf Rechtsakte hin. Außerdem betrifft das Wort „**Gültigkeit**" die Wirksamkeit von rechtlichen Maßnahmen, kann also nur auf Rechtsakte zutreffen. (Stichwort: ***Wortlaut***)
- Bei sonstigen politisch bedeutsamen Handlungen des Bundespräsidenten ist dieser schon **kraft Verfassungsorgantreue** zur Zurückhaltung verpflichtet. Einer Gegenzeichnung durch die Bundesregierung bedarf es über den Wortlaut von Art. 58 GG hinaus daher auch nicht.
- Der Bundespräsident soll als **pouvoir neutre** überparteilich wirken. Diese **Überparteilichkeit** wäre gefährdet, wenn er jede politische Äußerung durch die Bundesregierung genehmigen lassen müsste.

b) Weite Auffassung

Teilweise werden **auch andere politisch bedeutsame Handlungen** der Gegenzeichnungspflicht unterworfen. Sie erfolge **durch vorherige Billigung** der Maßnahme durch die Bundesregierung.

Argumente:

- Der Bundespräsident erlangt gerade dadurch **politische Wirksamkeit**, dass er **Reden** hält und **Interviews** gibt. Dadurch greift er bereits in den der Bundesregierung vorbehaltenen Bereich ein.
- Sinn und Zweck von Art. 58 GG gebieten eine weite Auslegung der Norm: Sie will die parlamentarische **Verantwortlichkeit** des Bundespräsidenten her- und die **Einheitlichkeit der Staatsleitung** sicherstellen.

Literatur: *Pieper*, in: Epping/Hillgruber (Hrsg.), BeckOK Grundgesetz, 59. Ed. 2024, Art. 58 GG, Rn. 9 ff.

Staatsfunktionen und Kompetenzverteilung

Um zu gewährleisten, dass die staatlichen Organe im Interesse der Staatsbürger handeln, denen gegenüber sie schließlich verantwortlich sind, werden ihnen von der Verfassung einzelne, genau bestimmte Aufgaben zugewiesen. Des Weiteren ist eine **institutionelle Kontrolle** erforderlich, die gewährleistet, dass die jeweiligen Organe ihre Kompetenzen nicht überschreiten. In einem Bundesstaat wie der Bundesrepublik Deutschland findet eine solche **gegenseitige Kontrolle in zwei Richtungen** statt. Auf horizontaler Ebene geschieht dies durch die Aufgabenverteilung zwischen den einzelnen Bundesorganen. Auch wenn diese sich nicht immer an der klassischen Aufteilung in Exekutive, Legislative und Jurisdiktion orientiert, handelt es sich doch um die Verwirklichung einer **Gewaltenteilung**. Hinzu kommt eine **föderale Gewaltenteilung** durch eine Dezentralisierung der Macht und eine Verteilung der Aufgaben an die Bundesländer. Besonders diese Aufgabenverteilung zwischen Bund- und Ländern ist sehr häufig Streitpunkt vor dem Bundesverfassungsgericht. Die meisten verfassungsgerichtlichen Streitigkeiten zum Staatsorganisationsrecht haben die **föderale Kompetenzverteilung** zum Gegenstand. Dementsprechend werden die Probleme, die sich im Zusammenhang mit der Gesetzgebungskompetenz und dem Verwaltungsvollzug stellen, auch in der Prüfungspraxis immer wichtiger:

		Seite
52.	Auslegung von Art. 72 II GG	76
53.	Umgehung des ersten Durchgangs beim Bundesrat	77
54.	Outsourcing von Gesetzesentwürfen	78
55.	Zustimmungsbedürftigkeit bei teilweise zustimmungsbedürftigen Regelungen	80
56.	Zustimmungsbedürftigkeit von Änderungsgesetzen	82
57.	Grenzen der Änderungsbefugnisse des Vermittlungsausschusses	83
58.	Prüfungsrecht des Bundespräsidenten	84
59.	Prüfungsrecht des BPräs bei der Ernennung von Bundesministern	86
60.	Relevanz des Veranlagungszeitraums bei Rückwirkungen von Steuergesetzen	87
61.	Änderung von Verordnungen durch den Bundestag	88
62.	Weitergeltung von Rechtsverordnungen nach Wegfall der Ermächtigung	89
63.	Verhältnis von Art. 80 I GG zur Wesentlichkeitstheorie	90
64.	Organisationsrechtlicher Wesentlichkeitsvorbehalt	91

65. Privatisierung von Verwaltungsaufgaben 93
66. Allgemeine Weisungen und Art. 85 III GG 94
67. Rechtsnatur der Weisung i.S.v. Art. 85 III GG 95
68. Eingriff in Wahrnehmungskompetenz durch informales Verwaltungshandeln 97
69. Erforderlichkeitsklausel bei Errichtung von Bundesbehörden (Art. 87 III GG) 98
70. Verhältnis von Art. 72 III GG und Art. 87 III GG 99
71. Gesetzgebungskompetenz bei Lenkungssteuern 100

52 Auslegung von Art. 72 II GG

Gemäß Art. 72 II GG darf der Bundesgesetzgeber im Bereich der konkurrierenden Gesetzgebung nur tätig werden, wenn eine bundesrechtliche Regelung zur Erreichung genau konkretisierter Ziele erforderlich ist. Für den bis 1994 geltenden Art. 72 II GG a.F. hatte das BVerfG vertreten, dass dem Bundesgesetzgeber bei der Beurteilung, ob ein „Bedürfnis" i.S.v. Art. 72 II GG a.F. vorliegt, ein Ermessen zustehe, dass einer Überprüfung durch das BVerfG entzogen sei. Umstritten ist,

Streitstand ⇨ **inwieweit die Erforderlichkeit einer bundesgesetzlichen Regelung nach der Verfassungsänderung jetzt durch das BVerfG überprüft werden kann.**

a) Beschränkte Justitiabilität

Teilweise wird davon ausgegangen, dass Art. 72 II GG auch nach der Grundgesetzänderung **nur beschränkt justitiabel** sei.

Argument:

- Bei den in Art. 72 II GG zugunsten bundesrechtlicher Regelungen aufgeführten Zielen handelt es sich um **unbestimmte Rechtsbegriffe**, deren Konkretisierung von politischen Wertungen abhängig ist. Insoweit steht dem Gesetzgeber ein **Beurteilungsspielraum** zu. (Stichwort: ***Einschätzungsprärogative***)

b) Überprüfbarkeitslösung

Die überwiegende Auffassung in der Literatur und das BVerfG gehen von einer **vollen Überprüfbarkeit** der gesetzgeberischen Entscheidung aus.

Argumente:

- Der Gesetzgeber beabsichtigte mit seiner Grundgesetzänderung, das BVerfG zu veranlassen, seine Prüfungszuständigkeit effektiv wahrzunehmen und auszuüben (Stichwort: ***genetische Auslegung***).
- Es ist hermeneutisch möglich, Aussagen über die Erforderlichkeit bundesgesetzlicher Regelungen zur Erreichung der in Art. 72 II GG genannten Ziele zu treffen. Diese Möglichkeiten auszuschöpfen, ist Aufgabe des BVerfG.

Literatur: *BVerfG*E 106, 62 (135 ff.) m. Anm. *Kenntner*, DVBl. 2003, 259 ff; *Hebeler*, JA 2010, 688

53 Umgehung des ersten Durchgangs beim Bundesrat

Regierungsvorlagen werden gemäß Art. 76 II GG grundsätzlich **zunächst dem Bundesrat zur Stellungnahme** zugeleitet. Die Einschaltung des Bundesrates im „ersten Durchgang“ wird **in der Praxis** jedoch häufig dadurch umgangen, dass Gesetzesvorlagen der Bundesregierung über Abgeordnete aus der Mitte des Bundestages eingebracht werden. Umstritten ist

Streitstand ⇨ **die Verfassungsmäßigkeit dieses Vorgehens.**

a) Verfassungswidrige Umgehung

Teilweise wird vertreten, die Umgehung des ersten Durchgangs beim Bundesrat sei **verfassungswidrig**.

Argument:

- Durch die beschriebene Praxis wird die detaillierte Regelung des Art. 76 II GG, die einen **ausreichenden Interessenausgleich** darstellt, ausgehebelt. Es handelt sich um eine unzulässige Umgehung.

b) Zulässigkeitslösung

Überwiegend ist man der Auffassung, dass die Einbringung der Regierungsvorlage durch Bundestagsabgeordnete verfassungsrechtlich **nicht zu beanstanden** sei.

Argumente:

- Das **Initiativrecht** der **Bundestagsabgeordneten** ist **sachlich unbegrenzt**.
- Das parlamentarische Regierungssystem des Grundgesetzes institutionalisiert **Kooperation und personelle Verflechtung von Regierung und Parlamentsmehrheit**. Es widerspricht nicht dem Grundgesetz, diese Verflechtung je nach politischen Zweckmäßigkeitsgesichtspunkten zu nutzen.
- Die Suche nach dem wirklichen **materiellen Autor** einer Gesetzesvorlage ist im parlamentarischen Parteienstaat gar nicht möglich, da selbst der Regierungsentwurf auf die Arbeit einflussreicher Abgeordneter zurückgehen kann.

Literatur

Maurer/Schwarz, Staatsrecht I, 7. Aufl. 2023, § 16, Rn. 62

54 Outsourcing von Gesetzesentwürfen

Das Grundgesetz trifft grundsätzlich keine Regelungen darüber, wie Gesetzesinitiativen inhaltlich ausgearbeitet werden sollen. In der Praxis hat es sich seit Ende der 2000er Jahre vermehrt eingebürgert, den **Entwurf von Gesetzen** durch Auftrag **Privaten** in Form von Anwaltskanzleien oder Beratungsunternehmen zu überlassen.

Streitstand ⇨ **die verfassungsmäßige Bedenklichkeit dieses Vorgehens.**

a) Outsourcing verfassungsrechtlich bedenklich

Teilweise wird vertreten, die Beauftragung von Privaten für den Entwurf von Gesetzesinitiativen sei **verfassungsrechtlich bedenklich**.

Argumente:

- **Der Funktionsvorbehalt des Art. 33 IV** legt nahe, dass erst recht die Erarbeitung von (grundrechtsrelevanten) Rechtsnormen eine hoheitliche Aufgabe ist, wenn dies schon für den Vollzug solcher Rechtsnormen gilt. Die Vorbereitung von Gesetzen ist **Aufgabe der Ministerien**.
- Die Art. 76 ff. GG legen die Akteure des Gesetzgebungsverfahrens fest, diese zeichnen sich u.a. durch ihre **demokratische Legitimation** aus.
- Der psychologische **„Ankereffekt"** führt dazu, dass sich das Parlament auch in der eigenständigen Befassung mit dem Entwurf (unbewusst) eng an dem Vorschlag der Beauftragten orientiert.

b) Grundsätzliche Unbedenklichkeit des Outsourcings

Überwiegend ist man der Auffassung, dass das Outsourcing von Gesetzesinitiativen an Private in aller Regel **verfassungsgemäß** sei.

Argumente:

- Ein Verstoß gegen den **Funktionsvorbehalt des Art. 33 IV GG** liegt nicht vor, weil es sich beim Entwurf von Gesetzen nur um **vorbereitende Handlungen** handelt.
- Auch in Bezug auf das Demokratieprinzip ist das Outsourcing von Gesetzesentwürfen unproblematisch, solange der **Gesetzgeber die Letztverantwortung** innehat.

Hinweis

- Aktuell diskutiert wird aufgrund des hier dargestellten Streitstands, ob Voraussetzungen und konkrete Durchführung des Outsourcings von Gesetzesinitiativen **enger gesetzlich geregelt** werden sollten.

Literatur

Degenhart, Staatsrecht I, 40. Aufl. 2024, Rn. 217; *Krüper*, JuristenZeitung 2010, 655

55 Zustimmungsbedürftigkeit bei teilweise zustimmungsbedürftigen Regelungen

Im Gesetzgebungsverfahren auf Bundesebene ist neben dem Bundestag immer auch der Bundesrat zu beteiligen. Diese Beteiligung ist auf zwei unterschiedliche Arten ausgestaltet: Bei den sogenannten **Einspruchsgesetzen** (Art. 77 III GG) kann der Einspruch des Bundesrates durch den Bundestag zurückgewiesen werden. Dafür ist dasselbe Quorum erforderlich, mit dem der Einspruch im Bundesrat beschlossen wurde (Art. 77 IV GG). Weitergehend ist das Beteiligungsrecht des Bundesrates dagegen bei den sogenannten **Zustimmungsgesetzen** (Art. 77 IIa GG). Bei diesen ist die Zustimmung des Bundesrates notwendige Voraussetzung des Zustandekommens. Dem Bundesrat wird damit ein Vetorecht eingeräumt.

Ein Gesetz erfordert dann die Zustimmung des Bundesrates, wenn diese **im Grundgesetz ausdrücklich vorgesehen** ist. Die Vorschriften über die Zustimmungsbedürftigkeit sind über das gesamte Grundgesetz verstreut. Der bei weitem häufigste Fall, in denen Bundesgesetze der Zustimmung durch den Bundesrat bedürfen, ist der des Art. 84 I S. 3 Hs. 2 GG. Danach sind Gesetze immer dann zustimmungsbedürftig, wenn in ihnen **Vorgaben für das Verwaltungsverfahren** gemacht werden. Umstritten ist jedoch

Streitstand ⇨ **die Reichweite der durch einzelne Vorschriften ausgelösten Zustimmungsbedürftigkeit.**

a) Uneingeschränkte Zustimmungsbedürftigkeit

Nach überwiegender Auffassung unterliegt immer das **gesamte Gesetz** der Zustimmungspflicht des Bundesrates.

Argumente:

- Ein Gesetzesbeschluss des Bundestages betrifft nicht nur einzelne Normen, sondern das gesamte durch den Gesetzesbeschluss zusammengefasste Normengefüge. (Stichwort: ***Abstimmung über gesamtes Normengefüge***)
- Die Art. 78 und 84 I GG beziehen sich **auf das Gesetz als gesetzgebungstechnische Einheit**, etwa im Gegensatz zu Art. 100 GG, der einzelne Normen in Bezug nimmt. (Stichwort: ***Art. 100 e contrario***)
- Das Herausstreichen einzelner Vorschriften kann ein Gesetz **zum bloßen Torso verstümmeln**.
- Durch die ständige Rechtsprechung des BVerfG ist die uneingeschränkte Zustimmungsbedürftigkeit mittlerweile zum **Verfassungsgewohnheitsrecht** geworden. (Stichwort: ***Gewohnheitsrecht***)

b) Nur beschränkte Zustimmungsbedürftigkeit

Dagegen wird in der Literatur zum Teil vertreten, dass sich die Zustimmungsbedürftigkeit des Bundesrates **allein auf die in Rede stehenden Normen über das Verwaltungsverfahren** beschränke. Die übrigen Vorschriften träten danach auch ohne Zustimmung des Bundesrates in Kraft.

Argumente:

- Im **Wortlaut** von Art. 77 IIa und III GG heißt es: *„**Soweit** [...] die Zustimmung [...] nicht erforderlich ist [...]“*. (Stichwort: ***Wortlautanalyse 77 IIa, III GG***)
- Auch bei materiell-rechtlicher Verfassungswidrigkeit einzelner Vorschriften ist weitgehend anerkannt, dass dies nur zu einer **Teilnichtigkeit** der entsprechenden Normen, nicht aber zur Unwirksamkeit des gesamten Gesetzesbeschlusses führt. (Stichwort: ***Teilnichtigkeit***)
- Die Einheitsthese führt zu einer **Machtverschiebung** im Verhältnis von Bundestag und Bundesrat, indem sie die Zustimmungsbedürftigkeit zur Regel macht. Die Verfassung grenzt die Zuständigkeiten von Bund und Ländern jedoch sorgfältig gegeneinander ab, so dass nicht davon auszugehen ist, dass der Verfassungsgeber eine verfassungspolitisch derart bedeutende Weichenstellung in Art. 84 I S. 3 Hs. 2 GG einfach versteckt hat. (Stichwort: ***Machtverschiebung entgegenwirken***)

Hinweis

Der Gesetzgeber reagiert auf die Rechtsprechung des BVerfG immer häufiger damit, dass er Gesetze in einen zustimmungsbedürftigen, das Verwaltungsverfahren regelnden Teil und einen nicht zustimmungsbedürftigen materiellen Teil **auftrennt**. (Stichwort: ***Rumpfgesetzgebung***)

- Nach überwiegender Auffassung ist dieses Vorgehen zulässig, da hier das Hauptargument des BVerfG, der Bundestag stimme über ein gesamtes Normengefüge und nicht bloß über einzelne Vorschriften ab, nicht mehr greift. Schließlich handelt es sich hier ja um zwei getrennte Gesetzesbeschlüsse und damit formell um zwei verschiedene Normengefüge.
- Vereinzelt gibt es in der Literatur jedoch auch kritische Stimmen, die eine solche Auftrennung dann nicht zulassen wollen, wenn die Sinneinheit von materiellem Recht und Verfahrensrecht so aufgelöst wird, dass das materielle Recht nicht vollziehbar oder anwendbar werde.

Literatur

Kirchhof, in: Dürig/Herzog/Scholz (Hrsg.), Grundgesetz-Kommentar, 104. EL April 2024, Art. 84 GG, Rn. 150 ff.

56 Zustimmungsbedürftigkeit von Änderungsgesetzen

Änderungen zustimmungsbedürftiger Gesetze können **ihrerseits zustimmungsbedürftig** sein. Das ist nach ganz überwiegender Auffassung zumindest dann der Fall, wenn das Änderungsgesetz **selbst zustimmungsbedürftige Vorschriften betrifft**. Wenn zustimmungsbedürftige Vorschriften jedoch **unverändert** bleiben, ist umstritten,

Streitstand ⇨ **inwieweit Änderungsgesetze noch der Zustimmung des Bundesrates bedürfen.**

a) Volle Zustimmungsbedürftigkeit von Änderungsgesetzen

Teilweise wird vertreten, dass Änderungsgesetze unabhängig von ihrem Regelungsgegenstand **in vollem Umfang** der Zustimmungspflicht des Bundesrates unterlägen.

Argumente:

- Ursprüngliches und abänderndes Gesetz bilden eine gesetzgeberische Einheit (Stichwort: ***einheitliches Gesetz***).
- Der Bundesrat hat mit seiner ursprünglichen Zustimmung das gesamte abzuändernde Gesetz **in seine Verantwortung aufgenommen**. (Stichwort: ***Verantwortungsübernahme***) Jede Abänderung berührt daher den Verantwortungsbereich des Bundesrates und bedarf daher erneuter Zustimmung.

b) Zustimmungspflicht bei Systemverschiebung

Überwiegend ist man der Auffassung, dass das Änderungsgesetz nur dann zustimmungspflichtig ist, wenn durch die Änderung materiell-rechtlicher Normen die **Bedeutung und Tragweite der Vorschriften über das Verwaltungsverfahren betroffen** ist. (Stichwort: ***Systemverschiebung***)

Argumente:

- **Prüfungsgegenstand** ist das Änderungs- und nicht das ursprüngliche Gesetz, so dass auch lediglich ersteres auf zustimmungsbedürftige Normen zu überprüfen ist. (Stichwort: ***Präzisierung Zustimmungsgegenstand***)
- Es sind solche Änderungsgesetze vom Schutzzweck der Zustimmungspflicht erfasst, die mittelbar zustimmungspflichtige Materien mehr als unerheblich berühren. Das kann etwa dadurch geschehen, dass materiell-rechtliche Änderungen zu einer sprunghaften Erhöhung der Zahl der Verwaltungsverfahren führt. (Stichwort: ***mittelbare Auswirkungen***)

57 Grenzen der Änderungsbefugnisse des Vermittlungsausschusses

Der Bundesrat hat im Gesetzgebungsverfahren gemäß Art. 77 II GG das Recht, den Vermittlungsausschuss anzurufen. Umstritten ist,

Streitstand ⇨ **inwieweit dabei Abweichungen vom ursprünglichen Gesetzesentwurf zulässig sind.**

a) Weiter Handlungsspielraum

Teilweise wird vertreten, der Vermittlungsausschuss dürfe seinem Vorschlag **auch ganz andere** Gesetzesentwürfe oder eigene Projekte zugrunde legen.

Argument:

- Bundestag und Bundesrat behalten dadurch, dass sie dem Kompromiss letztlich noch zustimmen müssen, die **Herrschaft** über das Gesetzgebungsverfahren. (Stichwort: ***Letztentscheidung durch Gesetzgeber***)

b) Gesetzesbeschluss des Bundestages

Nach der Gegenauffassung, die insbesondere auch das BVerfG vertritt, ist der Vermittlungsausschuss auf eine **Änderung des Gesetzesbeschlusses** des Bundestages beschränkt.

Argumente:

- Zieht der Vermittlungsausschuss andere Projekte heran, so handelt es sich faktisch um eine **Gesetzesinitiative des Vermittlungsausschusses**. Diese Befugnis kommt ihm jedoch gem. Art. 76 I GG nicht zu.
- Bundestag und Bundesrat dürfen nicht durch voreilige Beschlüsse des Vermittlungsausschusses überfahren und **faktisch festgelegt** werden.

Hinweis

Bei den hier dargestellten Auffassungen handelt es sich um die beiden Extrempositionen. In der Literatur werden **überwiegend vermittelnde Lösungen** vorgeschlagen, etwa dass für eine Erweiterung der empirischen Basis ein

- faktischer und legislatorischer **Zusammenhang** erforderlich sei (Stichwort: ***Konnexitätsgedanke***) oder
- dass der **Wesensgehalt** des Gesetzesbeschlusses gewahrt bleiben müsse.

Die Argumentation bewegt sich dabei jedoch in dem hier dargestellten Spannungsrahmen.

58 Prüfungsrecht des Bundespräsidenten

Gesetze treten erst in Kraft, nachdem sie vom Bundespräsidenten ausgefertigt wurden. Die Ausfertigung erfolgt gemäß Art. 82 I GG, soweit das in Rede stehende Gesetz „*nach den Vorschriften des Grundgesetzes zustande gekommen ist.*" Aus dieser Formulierung wird ganz überwiegend abgeleitet, dass der Bundespräsident die **formelle Verfassungsmäßigkeit des Gesetzes überprüfen** dürfe. Umstritten ist hingegen,

Streitstand ⇨ **ob dem Bundespräsidenten auch eine materielle Prüfungskompetenz zukommt.**

a) Lehre vom materiellen Prüfungsrecht

Teilweise wird dem Bundespräsidenten in der Literatur ein **materielles Prüfungsrecht** zugebilligt.

Argumente:

- Ein materiell verfassungswidriges Gesetz hat den **Charakter einer Verfassungsänderung**, die nur unter Beachtung der **formellen** Erfordernisse aus Art. 79 I und II GG möglich ist. Insoweit ist der Bundespräsident jedenfalls prüfungsberechtigt. (Stichwort: ***Verfassungsänderungsgedanke***)
- „*Nach den Vorschriften des Grundgesetzes*" sind nur solche Gesetze zustande gekommen, die **auch den materiellen Vorgaben** der Verfassung entsprechen. (Stichwort: ***weite Wortlautauslegung***)
- Der Bundespräsident hat aufgrund seines **Amtseides**, Art. 56 GG, die Pflicht, das Grundgesetz zu wahren (Stichwort: ***Amtseid***). Dazu gehört auch, die materiellen Vorschriften zu beachten.
- Der Bundespräsident ist gemäß Art. 94 I Nr. 2 GG nicht befugt, beim BVerfG eine **abstrakte Normenkontrolle** zu beantragen. Dieses *Minus* an Befugnissen lässt sich nur rechtfertigen, wenn es durch eine entsprechend umfangreiche Prüfungskompetenz **kompensiert** wird.
- Die **Interessen des Bundestages** und des Bundesrates werden durch die Möglichkeit einer Organklage vor dem BVerfG ausreichend gesichert. Auch steht das **Verwerfungsmonopol des BVerfG** nicht entgegen, weil es nur im Verhältnis zu anderen Gerichten gilt. Im Übrigen geht es nicht darum, ein Gesetz zu verwerfen, sondern dessen **Inkrafttreten** zu verhindern.
- Die Bindung des Bundespräsidenten an das gesamte Grundgesetz nach Art. 1 III, 20 III GG hindert ihn, verfassungswidrige Gesetze auszufertigen. (Stichwort: ***Verfassungsbindung, Rechtsstaatsprinzip***)

b) Lehre vom allein formellen Prüfungsrecht

Die Gegenauffassung gesteht dem Bundespräsidenten **lediglich ein formelles Prüfungsrecht** zu.

Argumente:

- **Zum Verfassungsänderungsgedanken:** Nach dem Grundgesetz sind Verfassungsänderungen nur durch **ausdrückliche** Textänderung möglich. Daher ist **nicht** jedes materiell verfassungswidrige Gesetz verfassungsändernd. Insoweit besteht auch kein Prüfungsrecht des Bundespräsidenten.
- In Art. 78 GG wird das Zustandekommen allein anhand formeller Kriterien bestimmt. Insoweit ist aus systematischen Gründen davon auszugehen, dass das Zustandekommen in Art. 82 I 1 GG ebenfalls keine materielle Bedeutung hat (Stichwort: ***Systematik***).
- Bei den Verweisen auf den **Amtseid** sowie die **Verfassungsbindung** handelt es sich um **Zirkelschlüsse**: Die Art. 1 III, 20 III und 56 GG sagen nichts über den Umfang der Kompetenzen des Bundespräsidenten, sondern setzen diese voraus.
- Der Bundespräsident als nicht direkt demokratisch legitimiertes Organ kann nicht Gesetzesbeschlüsse des direkt legitimierten Bundestages verwerfen. (Stichwort: ***höhere Legitimation des Gesetzgebers***) Das **Verwerfungsmonopol** für Gesetze liegt gemäß Art. 100 I GG allein beim BVerfG.

Hinweise

- Da die Frage der Prüfungskompetenz des Bundespräsidenten das BVerfG bisher noch nicht befasst hat, gehört sie zu den großen offenen Streitfragen des Staatsorganisationsrechts, deren einzelne Argumente man gut kennen sollte.
- Nimmt man mit der wohl überwiegenden Auffassung eine materielle Prüfungskompetenz des Bundespräsidenten an, so schließt sich die **Frage des Umfangs** derselben an. Hier reichen die Vorschläge
  - von einer **vollumfänglichen** Prüfungskompetenz über
  - eine Befugnis zur Verweigerung der Ausfertigung allein bei **offensichtlicher** Verfassungswidrigkeit (Stichwort: ***Evidenztheorie***) bis hin zu
  - der Forderung, dass der Bundespräsident von der Verfassungswidrigkeit **überzeugt** sein müsse.

  Für alle Einschränkungen des Prüfungsmaßstabs wird vor allem auf die **Vermutung der Verfassungsmäßigkeit von Parlamentsgesetzen** hingewiesen.

59 Prüfungsrecht des Bundespräsidenten bei der Ernennung von Bundesministern

Die **Bundesminister** werden gemäß Art. 64 I GG auf Vorschlag des Bundeskanzlers durch den Bundespräsidenten ernannt. Umstritten ist,

Streitstand ⇨ **inwieweit letzterem dabei ein Prüfungsrecht zukommt.**

a) Allein rechtliches Prüfungsrecht

Nach inzwischen überwiegender Auffassung hat der Bundespräsident allein ein **rechtliches** Prüfungsrecht, das sich auf die Voraussetzungen für die Ernennung sowie die Gewährleistung der Verfassungstreue beschränke.

Argumente:

- Ein politisches Prüfungsrecht würde dem Bundespräsidenten erheblichen Einfluss bei der Kabinettsbildung zugestehen. Dies wäre jedoch mit seiner **Funktion als pouvoir neutre** nicht zu vereinbaren.
- Allein der Bundeskanzler bzw. die Bundeskanzlerin ist unmittelbar vom Vertrauen des Parlaments abhängig und trägt somit auch die **Verantwortung für die Regierung**. Insofern muss ihm oder ihr auch uneingeschränkt die Befugnis zur Auswahl des Kabinetts zukommen. (Stichwort: ***Gleichlauf von Verantwortung und Macht***)

b) Eingeschränktes politisches Prüfungsrecht

Die Gegenauffassung gesteht dem Bundespräsidenten zusätzlich eine **eingeschränkte politische Kontrolle** zu. Danach soll dieser das Recht haben, bei einer Gefährdung des Staatswohls die Ernennung zu verweigern.

Argument:

- Ministerinnen und Minister werden als Repräsentanten der Bundesregierung wahrgenommen. Um **Wohl und Ansehen des Staates** nicht zu gefährden, muss es daher dem Bundespräsidenten möglich sein, in extremen Fällen einen untragbaren Kandidaten abzulehnen. (Stichwort: ***Staatswohl***)

Hinweis

Eine parallele Problematik stellt sich bei der **Ernennung von Bundesbeamten und Bundesrichtern** nach Art. 60 I GG. Auch hier gesteht die überwiegende Auffassung dem Bundespräsidenten **nur ein rechtliches Prüfungsrecht** der Ernennungsvoraussetzungen zu.

60 Relevanz des Veranlagungszeitraums bei Rückwirkungen von Steuergesetzen

Rückwirkende Gesetze sind rechtsstaatlich problematisch, weil sie das **Vertrauen** der Rechtsunterworfenen enttäuschen und die **Rechtssicherheit** beeinträchtigen.

- Nach ständiger Rechtsprechung des BVerfG liegt eine **echte Rückwirkung** (= **Rückbewirkung der Rechtsfolgen**) nur vor, wenn nachträglich ändernd in abgewickelte, der Vergangenheit angehörende Tatbestände eingegriffen wird. Diese Art von Rückwirkung ist grundsätzlich verfassungswidrig.
- Bei **unechten Rückwirkungen** gilt das Gesetz nur für die Zukunft, knüpft jedoch an Tatbestände der Vergangenheit an (= **tatbestandliche Rückanknüpfung**). Sie sind grundsätzlich zulässig. Umstritten ist

Streitstand ⇨ **die Einordnung der Streichung von Steuervergünstigungen während eines laufenden Veranlagungszeitraums.**

a) Kalenderjahreslösung

Die frühere Rechtsprechung beurteilte die Rückwirkung vom Ende des Kalenderjahres aus. Damit kam es regelmäßig zur unechten Rückwirkung.

Argument:

- Die Steuerpflicht **entsteht** erst am Ende des Kalenderjahres. Deshalb kann es für die Rückwirkungsfrage auch nur auf das Ende des Kalenderjahres ankommen. (Stichwort: ***Zeitpunkt der Entstehung der Steuerpflicht***)

b) Dispositionszeitpunktslösung

Die neuere Rechtsprechung stellt zum Teil auf den Zeitpunkt ab, zu dem die **steuerbegünstigte Disposition** getroffen wurde und nimmt somit den **Vertrauensschutz** stärker in den Fokus.

Argument:

- Die Einschränkung der Rückwirkung von Gesetzen beruht auf Erwägungen von Rechtssicherheit und Vertrauensschutz. (Stichwort: ***Sinn und Zweck***) Die **Vertrauensinvestition** erfolgt aber nicht am Ende des Kalenderjahres, sondern bereits im Zeitpunkt der Disposition. In solchen Fällen kommt die Wirkung der Gesetzesänderung der einer echten Rückwirkung nahe.

Literatur: *Kirchhof*, DStR 2015, 717

61 Änderung von Verordnungen durch den Bundestag

Nach Art. 80 I 1 GG können Bundesregierung, Bundesminister oder Landesregierungen zum Verordnungserlass ermächtigt werden. In der Praxis ändert **der Bundestag** solche nach Art. 80 I GG erlassenen Rechtsverordnungen teilweise durch Gesetz. Die Ersetzung von Inhalten von Verordnungen durch Gesetz ist verfassungsrechtlich unproblematisch. Allerdings **ermächtigt der Gesetzgeber** bei diesem Vorgang in der Regel auch den **Verordnungsgeber** dazu, die neu gefassten gesetzlichen Regeln **inhaltlich zu ändern** und auf den **Rang einer Rechtsverordnung herabzusetzen** (sog. Entsteinerungsklausel). Umstritten ist

Streitstand ⇨ **der verfassungsrechtliche Umgang mit dieser Praxis.**

a) BVerfG: Verordnungscharakter

Das BVerfG löst die Problematik, dass die Exekutive in derartigen Gesetzen scheinbar zur Gesetzesänderung ermächtigt wird dadurch, dass es der durch die Änderung des Bundestags entstandenen **Neuregelung** vollumfänglich den **Charakter einer Verordnung** zuschreibt.

Argumente:

- Die aus dem Rechtsstaatsprinzip folgenden Prinzipien der **Rechtssicherheit** und der **Rechtsmittelklarheit** erfordern einen einheitlichen Rang der Rechtsnorm. (Stichwort: ***Rechtssicherheit und Rechtsmittelklarheit***)
- Die Qualifikation als Verordnung ermöglicht es dem **Verordnungsgeber** diese – wie vom Bundestag beabsichtigt –**nachträglich zu ändern**.

b) Verfassungswidrigkeit dieses Vorgehens

In der Literatur wird der Ansatz des BVerfG zum Teil für **verfassungswidrig** erachtet.

Argumente:

- Nach der Systematik der Art. 76 ff. GG bestimmt die **Urheberschaft** (d.h. welches Organ sie erlässt) über den Charakter einer Norm. (Stichwort: ***Systematik***)
- **Art. 80 I 1 GG** regelt die Ermächtigungsadressaten **abschließend**.
- Die **Beteiligung des Bundesrates** bereitet bei der Lösung des BVerfG Schwierigkeiten; auch ist der Verzicht auf das **Erfordernis des Art. 80 I 3 GG** schwierig zu begründen.

62 Weitergeltung von Rechtsverordnungen nach Wegfall der Ermächtigung

Rechtsverordnungen treten außer Kraft mit Ablauf des Zeitraums, **für den sie erlassen** wurden. Sie werden unwirksam durch **späteren Erlass** eines gleich- oder höherrangigen Rechtssatzes. Umstritten ist,

Streitstand ⇨ **ob die Verordnung automatisch außer Kraft tritt, wenn die gesetzliche Grundlage durch den Gesetzgeber kassiert wird.**

a) Weitergeltungsthese

Überwiegend ist man der Auffassung, dass die Verordnung ihre **Wirksamkeit** nicht durch nachträglichen Wegfall der Ermächtigung verliere.

Argumente:

- Es ist ein allgemeines Rechtsprinzip, dass jede Norm so lange gilt, **bis sie außer Kraft gesetzt wird** (Stichwort: ***actus contrarius***), solange sie nur rechtmäßig zustande gekommen ist.
- Der **Zweck** des Ermächtigungserfordernisses, die ***ex ante*-Kontrolle** der normgebenden Exekutive durch die Legislative, wird durch die Fortgeltung der Verordnung nicht berührt. (Stichwort: ***Kontrollfunktion ex ante***)
- Es ist dem Gesetzgeber unbenommen, bei der **Entscheidung** über die Ermächtigung über den Fortbestand der Verordnung gleich mitzuentscheiden. (Stichwort: ***Regelungsmöglichkeit***)

b) Akzessorietätsthese

Teilweise ist man der Auffassung, die Verordnung **verliere** ihre Geltung mit dem Wegfall der Ermächtigungsgrundlage.

Argumente:

- Rechtsverordnungen sollen ihre Ermächtigungsgrundlage **inhaltlich konkretisieren** und auf diese Weise **vollziehbar** machen. Das ist nur möglich, solange die Gesetzesgrundlage **existiert**. (Stichwort: ***Konkretisierungsfunktion***)
- Selbst wenn die Rechtsverordnung isoliert vollziehungsfähig ist, kann sie allein ohne formelles Gesetz **keine Grundrechtseingriffe mehr** rechtfertigen.

Literatur: *Rütz*, Jura 2005, 821

63 Verhältnis von Art. 80 I GG zur Wesentlichkeitstheorie

Sowohl Art. 80 I GG als auch die vom BVerfG entwickelte Wesentlichkeitstheorie (siehe **STREITSTAND 64**) setzen dem parlamentarischen Gesetzgeber **Grenzen bei der Delegation** von Entscheidungskompetenzen an die Exekutive. Umstritten ist,

Streitstand ⇨ **wie diese beiden Institute bei der Verordnungsgebung zueinander im Verhältnis stehen.**

a) Zwei-Stufen-Verfahren

Teilweise wird vertreten, dass die beiden Institute in einem **Stufenverhältnis** zueinander stünden. Zunächst müsse anhand der Wesentlichkeitstheorie geprüft werden, ob der Gesetzgeber **überhaupt** delegieren dürfe. Falle diese Prüfung positiv aus, habe die Verordnung die Bestimmtheitsanforderungen des Art. 80 I 2 GG zu beachten.

Argument:

- Wesentlichkeitstheorie und Bestimmtheitsgebot haben **unterschiedliche Stoßrichtungen**: Die Wesentlichkeitstheorie behandelt die **Zuständigkeitsfrage**. Das Bestimmtheitsgebot hingegen ist ein **Optimierungsgebot**, das eine Zuständigkeit voraussetzt. (Stichwort: ***unterschiedliche Stoßrichtungen***)

b) Verstärkungslösung

Nach der Gegenauffassung fallen Wesentlichkeits- und Bestimmtheitsanforderung **zusammen und unterstützen sich gegenseitig**. Demnach sind namentlich bei Ermächtigungen zu Grundrechtseingriffen **besonders strenge** Anforderungen an die Verordnungsermächtigung zu stellen.

Argument:

- Die Frage der Bestimmtheit ist der des Parlamentsvorbehalts nicht nachgeordnet. Vielmehr können diese sich **gegenseitig bedingen**. Je konkreter eine Ermächtigung ausgestaltet ist, desto weitergehende Kompetenzen dürfen an die Exekutive delegiert werden.

Literatur

Maurer/Waldhoff, Allgemeines Verwaltungsrecht, 21. Aufl. 2024, § 6, Rn. 15

64 Organisationsrechtlicher Wesentlichkeitsvorbehalt

Die vom Bundesverfassungsgericht entwickelte **Wesentlichkeitsdoktrin** ist heute im Grundsatz allgemein anerkannt.

- Diese wurde zunächst im Bereich der **Grundrechtseingriffe** entwickelt. Hintergrund ist hier, dass Grundrechtseingriffe nur aufgrund Gesetzes vorgenommen werden dürfen. Dem Parlament ist somit die Kompetenz vorbehalten, die Voraussetzungen für Grundrechtseingriffe zu bestimmen. Durch zu unbestimmte Eingriffsermächtigungen wird diese Entscheidungszuständigkeit jedoch *de facto* an die den unmittelbaren Eingriff anordnende Exekutive delegiert, worin ein **Verstoß gegen die Kompetenzordnung** des Grundgesetzes liegt.
- Eine ähnliche Problematik stellt sich bei Art. 80 I 2 GG, der für **Verordnungsermächtigungen** eine hinreichende Bestimmtheit sogar ausdrücklich anordnet.
- Umstritten ist jedoch, ob die Wesentlichkeitstheorie auch über die beiden genannten Fälle hinaus **als allgemeiner und globaler Verfassungsgrundsatz** Geltung beanspruchen kann, insbesondere,

Streitstand ⇨ **ob auch ein organisationsrechtlicher Wesentlichkeitsvorbehalt besteht.**

a) Organisationsrechtlicher Wesentlichkeitsvorbehalt

Insbesondere der VerfGH NRW hat in einer Entscheidung zur Zusammenlegung des Innen- und des Justizministeriums in NRW das Bestehen eines **organisationsrechtlichen Wesentlichkeitsvorbehalts** angenommen.

Argument:

- Das Parlament ist als einziges Staatsorgan **unmittelbar** durch einen Wahlakt des Volkes legitimiert und ist daher bei **allen für das Gemeinwesen bedeutsamen Entscheidungen** zu konsultieren. (***unmittelbare Legitimation***)

b) Wesentlichkeitstheorie gilt nicht für Organisationsakte

Die überwiegende Auffassung in der Literatur möchte die Wesentlichkeitsdoktrin jedoch **nicht** auf Organisationsakte ausdehnen.

Argumente:

- Die gewaltenteilende Demokratie kennt **keine Prärogative des Parlaments** gegenüber den anderen Gewalten in Form eines Totalvorbehalts. Ein alleiniges Entscheidungsrecht des Parlaments bedürfte einer **verfassungsrechtlichen Kompetenznorm**. Soweit dem Parlament Organisationsakte nicht **ausdrücklich** zugeschrieben sind, hat es dementsprechend auch keine Mitentscheidungskompetenz. (Stichwort: ***keine ausdrückliche Parlamentszuweisung***)

- Die Verfassung legt vielmehr in zahlreichen Fällen auch politisch bedeutsame Entscheidungen in **die Kompetenz anderer oberster Staatsorgane** als des Parlaments. (Stichwort: ***Arbeitsteilung***)

Hinweis

Die Entscheidung der vorliegenden Streitfrage führt unmittelbar zur theoretischen **Begründung des Wesentlichkeitsvorbehalts**.

- Leitet man diesen allein aus den Grundrechten und möglicherweise noch Art. 80 I GG her, so kann ein organisationsrechtlicher Wesentlichkeitsvorbehalt schon von vornherein nicht bestehen.
- Sieht man die Wurzeln dagegen im Demokratieprinzip ist ein solcher zumindest diskutabel.

Hat man sich über diese Frage einmal Gedanken gemacht, sollte man in der Klausur alle im Zusammenhang mit der Wesentlichkeitsdoktrin auftretenden Fragen angemessen lösen können.

Literatur

Böckenförde, NJW 1999, 1235; *Grzeszick*, in: Dürig/Herzog/Scholz (Hrsg.), Grundgesetz-Kommentar, 104. EL April 2024, Art. 20, Rn. 131 ff.

65 Privatisierung von Verwaltungsaufgaben

In jüngster Zeit werden Verwaltungsaufgaben zunehmend an private Gesellschaften übertragen. Umstritten ist

Streitstand ⇨ **die verfassungsrechtliche Zulässigkeit dieser Privatisierungstendenzen.**

a) Konzeption des Art. 83 ff. GG als Privatisierungssperre

Teilweise wird die Übertragung von Hoheitsaufgaben an private Gesellschaften **nur** dann als zulässig angesehen, wenn die **Verfassung dies ausdrücklich zulässt**.

Argument:

- Das Verwaltungsorganisationsrecht des Grundgesetzes erwähnt als Träger von Verwaltungsaufgaben allein öffentlich-rechtliche Organisationseinheiten, so dass die Gesamtkonzeption der Art. 83 ff. GG als **Funktionsmonopol für Hoheitsträger** gedeutet werden kann. (Stichwort: ***Art. 83 ff. als Monopolnormen***)

b) Privatisierung grundsätzlich zulässig

Die ganz herrschende Meinung sieht eine Privatisierung von Verwaltungsaufgaben dagegen **generell als zulässig** an.

Argument:

- Die Übertragung von Verwaltungsaufgaben an Privatrechtssubjekte gehört seit jeher zum **traditionellen Bestand** der deutschen Verwaltungsrechtsordnung, so dass sich der Verfassungsgeber von dieser hätte **ausdrücklich** distanzieren müssen, hätte er sie aufgeben wollen.

Hinweis

Von dem unter b) dargestellten, überwiegend anerkannten Grundsatz werden teilweise jedoch **Ausnahmen** gemacht: Die Möglichkeit zur Privatisierung von Hoheitsaufgaben findet eine **Schranke in Art. 33 IV GG**. Unstreitig enthält diese Norm ein Verbot der Privatisierung der Eingriffsverwaltung. Sie umfasst jedoch nach überwiegender Auffassung auch Teile der Leistungsverwaltung. Die genaue Reichweite ist eine Frage des Einzelfalls, wobei jedoch auch zu berücksichtigen ist, dass eine Übertragung von Hoheitsbefugnissen durch eine strenge Kontrolle möglicherweise kompensiert werden kann. (Stichwort: ***Machtverlust gegen Kontrolle***)

66 Allgemeine Weisungen und Art. 85 III GG

Bei der Bundesauftragsverwaltung (Art. 85 GG) steht dem Bund neben der Rechts- auch die Fachaufsicht zu. Normiert ist dies in **Art. 85 III GG**, der dem Bund gegenüber den Ländern bei der Ausführung von Bundesgesetzen eine **inhaltliche Weisungskompetenz** zugesteht. Umstritten ist,

Streitstand ⇨ **ob diese Weisungskompetenz auch den Erlass allgemeiner Weisungen umfasst.**

a) These der Einzelweisung

Überwiegend wird aus Art. 85 III GG **nur** die Kompetenz zur Erteilung von **Einzelweisungen**, nicht hingegen zum Erlass von allgemeinen Weisungen abgeleitet.

Argumente:

- Der Erlass von allgemeinen Verwaltungsvorschriften unterliegt den **engeren Voraussetzungen des Art. 85 II GG** (Zustimmung des Bundesrates). Dieser darf daher durch eine extensive Interpretation des Art. 85 III GG nicht ausgehöhlt werden. (Stichwort: ***Systematik 85 II***)
- Eine trennscharfe **Unterscheidung** zwischen allgemeinen Weisungen und allgemeinen Verwaltungsvorschriften ist praktisch **nicht möglich**. Daher sollte man an der **üblichen Differenzierung** konkret-individueller Weisungen und abstrakt-genereller Verwaltungsvorschriften **festhalten**. (Stichwort: ***Praktikabilität***)

b) These der allgemeinen Weisungen

Teilweise werden unter den Weisungsbegriff i.R.v. Art. 85 III GG nicht nur Einzelweisungen, sondern **auch allgemeine Weisungen** gefasst.

Argumente:

- Auch wenn sich allgemeine Weisungen nicht von Verwaltungsvorschriften i.S.v. Art. 85 II 1 GG unterscheiden, besteht in der **Praxis ein Bedürfnis** nach dem flexiblen Instrument der allgemeinen Weisung i.R.v. Art. 85 III GG.
- Art. 84 V GG spricht von „Einzelweisungen", Art. 85 III GG dagegen allgemein von „Weisungen". Diese **systematische Interpretation** zeigt, dass der Weisungsbegriff in Art. 85 III GG weiter zu verstehen ist und daher auch allgemeine Weisungen umfassen muss.

67 Rechtsnatur der Weisung i.S.v. Art. 85 III GG

Der Bund hat gegenüber den Ländern im Rahmen der Bundesauftragsverwaltung ein **inhaltliches Weisungsrecht nach Art. 85 III GG**. Die Weisungen des Bundes unterliegen jedoch rechtlichen Vorgaben. Insbesondere müssen sie mit dem durch die Länder ausgeführten Bundesgesetz vereinbar sein. Die materielle Rechtswidrigkeit einer Weisung ist jedoch von der prozessualen Geltendmachung dieser Rechtswidrigkeit zu unterscheiden. Dabei ist umstritten,

Streitstand ⇨ **ob sich die Länder im Rahmen eines Bund-Länder-Streit-Verfahrens auf die inhaltliche Rechtswidrigkeit der Weisung berufen können.**

a) Keine Justitiabilität

Das BVerfG und die überwiegende Auffassung in der Literatur vertreten, dass die Länder sich **nicht** auf die inhaltliche Rechtswidrigkeit der Weisung berufen könnten.

Argumente:

- Bei Weisungen im Rahmen der Auftragsverwaltung muss zwischen der **Sach- und der Wahrnehmungskompetenz** differenziert werden. Die Sachkompetenz steht aufgrund des inhaltlichen Weisungsrechts dem Bund, die Wahrnehmungskompetenz den Ländern zu. Ist die Weisung des Bundes inhaltlich rechtswidrig, so ist lediglich die Sachkompetenz betroffen; **mangels Verletzung der Wahrnehmungskompetenz** wird eine subjektive Rechtsposition der Länder nicht berührt. (Stichwort: ***Sach- und Wahrnehmungskompetenz***)
- Im Interesse eines zügigen Gesetzesvollzugs muss ein Partner die **Letztentscheidungsbefugnis** haben, damit der Rechtsstreit nicht zur politischen Blockade genutzt werden kann; dies ist nach der Systematik des Art. 85 III GG der Bund. (Stichwort: ***Systematik 85 III***)
- Auch im Verwaltungsrecht kann der angewiesene Beamte die Ausführung einer Weisung nicht mit dem Hinweis auf deren inhaltliche Rechtswidrigkeit verweigern. (Stichwort: ***Parallele Verwaltungsrecht***)

b) Weisung als belastender VA

Teilweise wird die auf Art. 85 III GG gestützte Weisung als belastender VA gedeutet, der in die **subjektive Rechtsposition der Länder** eingreife.

Argumente:

- „Unterstehen" i.S.v. Art. 85 III 1 GG heißt nur, dass die Länder **rechtmäßigen**, nicht aber rechtswidrigen Weisungen ohne Abwehrmöglichkeit Folge leisten müssen.
- Der Ausschluss von Abwehrrechten der Länder führt *de facto* zu einer **Bundeskompetenz zu rechtswidrigen Weisungen**. Das ist mit rechtsstaatlichen Prinzipien unvereinbar. (Stichwort: ***Rechtsstaatsprinzip***)

Hinweise

- Die Tatsache, dass die Länder die Rechtswidrigkeit der Weisung nach überwiegender Auffassung nicht im Bund-Länder-Streit geltend machen können, liegt allein im fehlenden subjektiven Recht der Länder begründet. Die **Rechtswidrigkeit der Weisung bleibt davon unberührt** und kann in anderen Verfahren, etwa durch unmittelbar betroffene Bürger, auch geltend gemacht werden.
- **Klassische Klausurfälle** spielen insbesondere im Bereich der **Kernenergie**. So kann es etwa passieren, dass der Bundesumweltminister den entsprechenden Landesumweltminister anweist, den Bau eines Kernkraftwerkes zu genehmigen, obwohl die materiellen Voraussetzungen der Genehmigung nicht vorliegen. Die Weisung ist dann rechtswidrig. Gerichtlich geltend machen kann das betroffene Land die Rechtswidrigkeit der Weisung jedoch nur nach der hier unter b) dargestellten Auffassung. Nach Auffassung a) ist die Klage zwar zulässig aber unbegründet.
- Bevor im Rahmen der Zulässigkeit einer Weisungsklage der Länder auf den hier erörterten Aspekt der Antrags- bzw. Klagebefugnis eingegangen werden kann, muss das zuständige Gericht bestimmt werden. Dabei ist umstritten, ob das BVerfG ausschließlich zuständig ist oder das BVerwG nach § 50 I Nr. 1 VwGO zuständig sein kann.
  - Teilweise wird auf den inhaltlichen Schwerpunkt der Streitigkeit abgestellt. Wenn es um die inhaltliche Rechtswidrigkeit der Weisung gehe, sei im Wesentlichen Verwaltungsrecht betroffen und damit eine Zuständigkeit des BVerwG gegeben.
  - Überwiegend wird unabhängig vom konkreten Angriff gegen die Weisung auf die Handlungsform abgestellt. Bei Weisungen des Bundes nach Art. 85 III GG sei immer das BVerfG nach Art. 94 I Nr. 3 GG zuständig.

Literatur

Hengstberger/Scheu, JA 2023, 316

68 Eingriff in Wahrnehmungskompetenz durch informales Verwaltungshandeln

Bezüglich Materien, die der Bundesauftragsverwaltung nach Art. 85 GG unterliegen, ist umstritten,

Streitstand ⇨ **ob der Bund die Kompetenz hat, direkt mit Betroffenen zu verhandeln, ohne das Bundesland in diese Verhandlungen mit einzubeziehen.**

a) Zuständigkeit kraft Sachkompetenz

Dem BVerfG zufolge sind solche Verhandlungen **zulässig**, solange mit diesen lediglich eine Weisung vorbereitet werde und es noch nicht zum Abschluss einer öffentlich-rechtlichen Vereinbarung komme.

Argument:

- Dem Bund steht im Rahmen der Bundesauftragsverwaltung die Sachkompetenz zu. Diese gestattet alle Aktivitäten **zur Vorbereitung** und Ausübung des Weisungsrechts. (Stichwort: ***Vorbereitungsaktivitäten***)

b) Verhandlungen als Teil des Verwaltungsverfahrens

In der Literatur werden direkte Verhandlungen mit den Betroffen häufig für **unzulässig** gehalten.

Argumente:

- Verhandlungen über eine öffentlich-rechtliche Vereinbarung sind **Teil** eines auf den Abschluss dieser Vereinbarung gerichteten **Verwaltungsverfahrens**. Dessen Wahrnehmung obliegt jedoch gerade den Ländern.
- Da nichtförmliche Verwaltungstätigkeiten wie Absprachen, Verhandlungen und Konsensgespräche eine zunehmende Bedeutung erlangen, würde die **Wahrnehmungskompetenz der Länder ausgehöhlt**, rechnete man ihr informales Verwaltungshandeln nicht zu. (Stichwort: ***Kompetenzaushöhlung***)

Hinweis

Der hier behandelten Streitfrage vorgelagert ist das Problem, ob es sich bei lediglich informalem Verwaltungshandeln um **Gesetzesvollzug** i.S.v. Art. 85 I GG handelt. Um eine Umgehung der vom Grundgesetz vorgesehenen Kompetenzverteilung zu verhindern, wird man den Begriff des Gesetzesvollzugs jedoch entsprechend **weit** auszulegen haben.

69 Erforderlichkeitsklausel bei Errichtung von Bundesbehörden (Art. 87 III GG)

Nach Art. 87 III GG kann der Bund neue Bundesbehörden durch einfaches Gesetz einrichten. Voraussetzung ist aber, dass dem Bund die **Gesetzgebung** für die betreffende Angelegenheit zusteht. Dabei ist umstritten,

Streitstand ⇨ **ob für Gegenstände der konkurrierenden Gesetzgebung in diesem Fall die Erforderlichkeitsklausel des Art. 72 II GG Anwendung findet.**

a) Anwendung der Erforderlichkeitsklausel

Zum Teil wird vertreten, dass bei Materien der konkurrierenden Gesetzgebung, welche unter Art. 72 II GG fallen, für die Anwendung von Art. 87 III GG **auch** die **Voraussetzungen des Art. 72 II GG** gegeben sein müssen.

Argument:

- Die Begründung von Verwaltungskompetenzen des Bundes für Materien, die nicht in seiner Gesetzgebungskompetenz stehen, **widerspräche** der **Regelkompetenz der Länder nach Art. 30 GG** und der **grundsätzlichen Kompetenzverteilung** des Grundgesetzes. (Stichwort: ***Grundsatz der Länderzuständigkeit***)

b) Extensive Kompetenz des Bundes

Teilweise wird dagegen vertreten, die **Voraussetzungen des Art. 72 II GG** finden für die Errichtung einer Bundesoberbehörde nach 87 III 1 GG **keine Anwendung**.

Argumente:

- Art. 87 III 1 GG verleiht dem Bund eine **ausschließliche Gesetzgebungskompetenz**, eine Bundesoberbehörde zu errichten.
- Für Fragen, die spezifisch die Verteilung der Verwaltungskompetenzen betreffen, können die Vorschriften des VIII. Abschnitt des Grundgesetzes solche des VII. Abschnitts **modifizieren**. (Stichwort: ***Spezialität***)

Literatur

Ibler, in: Dürig/Herzog/Scholz (Hrsg.), Grundgesetz-Kommentar, 104. EL April 2024, Art. 87 I GG, Rn. 233 ff.

70 Verhältnis von Art. 72 III GG und Art. 87 III GG

Auch die Abweichungskompetenz der Länder nach Art. 72 III GG bzgl. bestimmter Materien wirft Fragen zu dem Verhältnis zu Art. 87 III GG auf. So ist umstritten,

Streitstand ⇨ **ob der Bund nach Art. 87 III 1 GG auch auf solchen Gebieten Verwaltungseinrichtungen errichten kann, auf denen den Ländern eine Abweichungskompetenz nach Art. 72 III GG zusteht.**

a) Sperrwirkung des Art. 72 III GG

In der Literatur vertreten einige die Meinung, dass dem Bund auf Gebieten, auf denen eine **Abweichungskompetenz der Länder** nach Art. 72 III GG besteht, **keine Bundesverwaltungskompetenz** nach Art. 87 III 1 GG zukommt.

Argumente:

- Die Bundesverwaltungskompetenz kann nicht weiter reichen als die **Bundesgesetzgebungskompetenz**; letztere hat das Grundgesetz durch Art. 72 III GG **eingeschränkt**.
- Es könnte, wäre die Bundesverwaltungskompetenz gegeben, zu der Situation kommen, dass die **Bundesbehörde** potenziell unzuässigerweise **(abweichendes) Landesrecht vollziehen müsste** oder **keine Zuständigkeit für den Teil des Bundesgebiets mit abweichendem Landesrecht** haben würde. Beides **widerspricht** dem generellen verfassungsrechtlichen Verhältnis von Bund und Ländern.

b) Extensive Kompetenz des Bundes

Andererseits wird auch vertreten, die **Kompetenz der Länder zur Abweichungsgesetzgebung** nach Art. 72 III 1 GG **schließt** die **Bundesverwaltungskompetenz** nach 87 III 1 GG **nicht aus**.

Argumente:

- Der **Wortlaut des Art. 87 III 1 GG differenziert nicht** zwischen Fällen, welche unter Art. 72 III 1 GG fallen, und anderen Fällen der konkurrierenden Gesetzgebung. (Stichwort: ***Wortlaut***)
- Die **Funktion** des Art. 87 III 1 GG, welche die Errichtung bundeseigener Verwaltungsstellen ermöglicht, würde bei Unanwendbarkeit der Norm bei Abweichungskompetenz der Länder teilweise unterlaufen (Stichwort: ***Telos/Sinn und Zweck der Norm***).

71 Gesetzgebungskompetenz bei Lenkungssteuern

Lenkungssteuern dienen dem Staat nicht nur zur Einkommenserzielung, sondern sollen auch den wirtschafts- und gesellschaftspolitischen Bereich steuern. Deshalb ist umstritten, ob

Streitstand ⇨ **die Gesetzgebungskompetenz allein dem Steuergesetzgeber zukommt, oder ob zusätzlich die jeweilige Sachkompetenz erforderlich ist.**

a) Steuerkompetenzlösung

Das BVerfG hält auch bei Lenkungssteuern die **Steuerkompetenz für ausreichend**. Die Lenkungssteuern dürften aber weder gegen Verfassungsrecht noch gegen Regelungskonzepte des höheren Rechts verstoßen.

Argumente:

- Auch Lenkungssteuern als Handlungsmittel des Staates bleiben Steuern. (Stichwort: ***Steuer ist Steuer***)
- Erst wenn die Finanzierungsfunktion von einer **Verwaltungsfunktion mit Verbotscharakter** verdrängt wird, ist die Besteuerungskompetenz keine ausreichende Rechtsgrundlage mehr für Lenkungssteuern. (Stichwort: ***Verdrängungsgedanke***)

b) Doppelkompetenzlösung

Im Schrifttum ist man überwiegend der Auffassung, dass für den Erlass von Lenkungssteuern nicht nur die Steuer-, sondern **auch die Sachkompetenz** erforderlich sei.

Argumente:

- Der Steuertitel (Art. 105 GG) ist **kein Globaltitel**, der die Art. 30, 70 ff. GG überlagert. (Stichwort: ***keine Überlagerung***)
- Vielmehr hat der Steuergesetzgeber gerade nicht die Kompetenz, **Sachziele** zu verfolgen.

Literatur

Siekmann, in: Sachs (Hrsg.), Grundgesetz-Kommentar, 10. Aufl. 2024, vor Art. 104a, Rn. 14 ff.

Grundgesetz und auswärtige Gewalt

Soweit in den einzelnen Ausbildungs- und Prüfungsordnungen der Länder von den **völkerrechtlichen Bezügen des Grundgesetzes** als Prüfungsgegenstand die Rede ist, sind damit die Regelungen über die auswärtige Gewalt der Bundesrepublik gemeint. Die auswärtige Gewalt ist allerdings im Grundgesetz mit nur wenigen Normen bedacht (vor allem Art. 23-25, 32, 59 GG) und insgesamt **unvollständig geregelt** worden, weswegen sich um diesen Themenkreis einige Streitfragen ranken.

Zu den beliebtesten Klausurthemen zählen dabei Fragen zur Zulässigkeit von **Auslandseinsätzen der Bundeswehr**, die schwierige Rechtsfragen sowohl in formeller als auch in materieller Hinsicht aufwerfen.

Vor allem weil die auswärtige Gewalt während des Studiums häufig vernachlässigt wird, empfiehlt sich die Lektüre nachfolgender Streitstände:

		Seite
72.	Zuständigkeit zur Ausübung der auswärtigen Gewalt	102
73.	Zustimmung des Bundestags bei Bundeswehreinsätzen	103
74.	Materielle Verfassungsmäßigkeit von Auslandseinsätzen der Bundeswehr	105
75.	Verhältnis von Art. 23 I S. 2 zu S. 3 GG	107
76.	„Maßgeblich berücksichtigen“ i.S.v. Art. 23 V 2 GG	108
77.	Innerstaatlicher Rang völkerrechtlichen Gewohnheitsrechts	109

72 Zuständigkeit zur Ausübung der auswärtigen Gewalt

Die **Organkompetenz** für die Ausübung der auswärtigen Gewalt ist im Grundgesetz nirgendwo ausdrücklich geregelt.

Streitstand ⇨ **Ihre Ausgestaltung ist im Einzelnen umstritten.**

a) Originäre Zuständigkeit der Exekutive

BVerfG und hL gehen davon aus, dass die auswärtige Gewalt in den Zuständigkeitsbereich der **Exekutive** falle. Ausnahmen gebe es nur dort, wo das GG dem Parlament funktionale Mitentscheidungsrechte zugestehe (z.B. Art. 59 II).

Argumente:

- Akte der auswärtigen Gewalt unterliegen nach Prinzip der **Gewaltenteilung** (Art. 20 II 2 GG) grundsätzlich dem Kompetenzbereich der Regierung.
- Die Vertretungsregelung in **Art. 59 I GG** lässt auf eine Zuordnung der auswärtigen zum exekutiven Kompetenzbereich schließen.
- Dem Wortlaut des Art. 59 II GG nach ist das Parlament auf Zustimmung und **Mitwirkung** in auswärtigen Angelegenheiten beschränkt.

b) Theorie der gemischten Gewalt

Eine andere Auffassung streitet dagegen für eine **gemeinsame Zuständigkeit von Regierung und Parlament**.

Argumente:

- Der Verweis auf die Gewaltenteilung ist eine ***petitio principii***. Schließlich ist die Zuständigkeitsverteilung ja gerade Gegenstand der Streitfrage (Stichwort: ***Zirkelschluss***)
- Die Art. 23 I 2, 24 I, 59 II 1, 115 I, 115a GG deuten beispielhaft darauf hin, dass der Bundestag in zumindest allen wichtigen Entscheidungen zur auswärtigen Gewalt ein **Mitspracherecht** besitzt

Hinweis

Zu beachten ist, dass die herrschende Meinung trotz grundsätzlicher Alleinzuständigkeit der Exekutive bei **Bundeswehreinsätzen** im Ausland (s. u. **STREITSTAND 73**) dennoch zu einem Beteiligungsrecht des Parlaments kommt. **Dies ist jedoch keine Frage der Zuständigkeit, sondern ein Verfahrenserfordernis.** Aufbautechnisch ist es wichtig, dies auseinander zu halten!

73 Zustimmung des Bundestags bei Bundeswehreinsätzen

Obwohl nach überwiegender Ansicht Akte der auswärtigen Gewalt in den originären Zuständigkeitsbereich der Exekutive fallen (**STREITSTAND 72**), nimmt die ganz herrschende Meinung trotzdem eine Zustimmungspflicht des Bundestages bei Auslandseinsätzen der Bundeswehr als **Verfahrenserfordernis** an. Bei der Herleitung ist jedoch vieles umstritten. Im Folgenden sollen daher abweichend vom üblichen Schema die einzelnen Herleitungsversuche mit ihren jeweiligen Einwänden dargestellt werden, wie sie auch in einer Klausur nacheinander durchzuprüfen wären:

a) Mitwirkungspflicht aus Art. 87a i.V.m. 115a GG

Wenn schon die bloße Feststellung des Verteidigungsfalls nach Art. 115a GG der Zustimmung des Bundestages bedarf, dann muss dies erst recht für Auslandseinsätze gelten (Stichwort: ***Art. 115a a fortiori***)

- Contra: Die Art. 115a ff. GG beziehen sich nur auf die Notstandsbefugnisse **im Innern** der Bundesrepublik. Ein Auslandseinsatz ist demnach kein *minus*, sondern ein ***aliud***.

b) Wesentlichkeitstheorie

Bei der Entscheidung über eine Entsendung der Bundeswehr ins Ausland handelt es sich um eine für das Gemeinwesen wesentliche Entscheidung, die nach der **Wesentlichkeitstheorie** grundsätzlich der Zustimmung des Parlamentes bedarf.

- Contra: Bei der Entsendung der Bundeswehr handelt es sich um eine organisationsrechtliche und keine grundrechtsrelevante Frage. Ein **staatsorganisationsrechtlicher Wesentlichkeitsvorbehalt** ist jedoch **nicht überzeugend begründbar**. (s. aber auch o. **STREITSTAND 64**)

c) BVerfG: Bundeswehr als Parlamentsheer

Aus der deutschen **Verfassungstradition** und bestimmten **grundgesetzlichen Regelungen**, namentlich den Art. 115a, 45a, 45b, 80a, 87a I 2, IV 2 GG, in ihrer Zusammenschau ergibt sich, dass die Bundeswehr ein **Parlamentsheer** ist. Eine Ausnahme ist lediglich bei **Gefahr im Verzug** zuzugestehen, da der Parlamentsvorbehalt nicht dazu führen darf, dass die Wehr- und Bündnisfähigkeit der Bundesrepublik beeinträchtigt wird. Allerdings ist in solchen Fällen die Zustimmung des Bundestages unverzüglich nachzuholen, sofern die Einsätze nicht vor einer möglichen Befassung des Bundestages abgeschlossen sind.

- Contra: Die vom BVerfG **herangezogenen Vorschriften** sind im Einzelnen **unergiebig**. Sieht man die grundsätzliche Zuständigkeit für Maßnahmen der auswärtigen Gewalt bei der Exekutive, so ist es inkonsequent, das Parlament bei Auslandseinsätzen der Bundeswehr durch die Hintertür wieder ins Boot zu holen.

Hinweise

- Da die Auffassung, dass ein Auslandseinsatz der Bundeswehr keiner Zustimmung des Parlaments bedürfe, seit *BVerfG*E 90, 286, soweit ersichtlich, nicht mehr ausdrücklich vertreten wird, erscheint es ratsam, sich in der Klausur einen der hier dargestellten Begründungsansätze zu eigen zu machen. Klausurtaktisch ist dabei anzuraten, zunächst die beiden anderen Ansätze nacheinander kurz darzustellen und abzulehnen, ehe man kurz den verfolgten Ansatz begründet und der weiteren Subsumtion zugrunde legt.
- Insbesondere bei Auffassung b) sollte man aufpassen, da das Bestehen eines organisationsrechtlichen Wesentlichkeitsvorbehalts seinerseits umstritten ist (s. dazu **STREITSTAND 64**). Eine andere Möglichkeit, die Anwendbarkeit der Wesentlichkeitstheorie zu begründen, wäre, auf die Grundrechte der Betroffenen Soldaten abzustellen, wogegen jedoch wiederum eingewandt wird, dass diesen bei dem Einsatzbeschluss keine vorrangige Bedeutung zukäme. Ohnehin scheint das BVerfG im Bereich der **auswärtigen Gewalt** aufgrund der auf dem Spiel stehenden nationalen Interessen nur einen **abgeschwächten Grundrechtsmaßstab** anwenden zu wollen.

Literatur

Callies, in: Isensee/Kirchhof (Hrsg.), Handbuch des Staatsrechts IV, 3. Aufl. 2006, § 83, Rn. 39 ff.

74 Materielle Verfassungsmäßigkeit von Auslandseinsätzen der Bundeswehr

In Art. 87a II GG ist festgelegt, dass die Bundeswehr außer zur Verteidigung **nur** eingesetzt werden darf, wenn das Grundgesetz dies **ausdrücklich zulässt**. Diskutiert wird die Reichweite dieser Vorschrift und die Frage der

Streitstand ⇨ **Zulässigkeit von Auslandseinsätzen der Bundeswehr.**

a) Zulässigkeitslösung

Teilweise wird vertreten, dass Auslandseinsätze der Bundeswehr grundsätzlich zulässig seien. Einzige Schranken seien **Art. 26 GG** (Verbot des Angriffskrieges) sowie das über **Art. 25 GG** in die deutsche Rechtsordnung einwirkende Völkergewohnheitsrecht.

Argumente:

- Art. 87a GG gilt nur für den **innerstaatlichen** Einsatz von Streitkräften. Das geht bei Abs. 3 und 4 aus dem Wortlaut hervor, gilt aber auch für Abs. 2.
- Art. 87a GG ist im **Abschnitt VIII des Grundgesetzes** zu finden, in dem allein die **föderale Verteilung der Verwaltungskompetenzen** geregelt ist.

b) Eingeschränkte Zulässigkeitslösung

In der Literatur wird vertreten, dass Auslandseinsätze der Bundeswehr Art. 87a II GG unterfielen. Sie seien wegen Art. 24 II GG jedoch zulässig, wenn sie von einem **UN-Mandat** gedeckt seien.

Argumente:

- Art. 87a GG verwendet in seinen Absätzen I und II jeweils den Begriff der **Verteidigung**, ohne dass eine Beschränkung auf den innerstaatlichen Bereich erkennbar ist. (Stichwort: ***Wortlaut des Art. 87a***)
- Da die Einordnung in ein System gegenseitiger kollektiver Sicherheit zwangsläufig auch entsprechende Bündnisverpflichtungen mit sich bringt, liefe **Art. 24 II GG ins Leere**, sähe man in dieser Norm keine ausdrückliche Ermächtigung zum Streitkräfteeinsatz i.S.v. Art. 87a II GG.
- Völkerrechtlich ist anerkannt, dass sich **Systeme gegenseitiger kollektiver Sicherheit** allein gegen Gefahren aus dem Inneren der Organisation wenden (***Beispiel:*** UNO). Die NATO als Verteidigungsbündnis gehört nicht dazu. Für einen differenzierten verfassungsrechtlichen Begriff der gegenseitigen kollektiven Sicherheit gibt es keinen Anlass.

c) Out-of-Area-Einsätze der NATO zulässig

Schließlich wird vom BVerfG und in der Literatur vertreten, dass Art. 87a II GG die Möglichkeit von Auslandseinsätzen der Bundeswehr zwar grds. einschränke. Art. 24 II GG decke jedoch auch ***Out-of-Area*-Einsätze der NATO ohne UN-Mandat**.

Argument:

- Auch die NATO als im Grundsatz friedensfördernde Organisation unterfällt dem **verfassungsrechtlichen Begriff der kollektiven Sicherheit.**

Hinweise

- Zu Art. 87a II GG gibt es noch weitere Streitfragen: Zum einen ist fraglich, was unter einem **Einsatz** i.S. dieser Vorschrift zu verstehen ist.
  - Vereinzelt wird darunter jede Verwendung von Streitkräften, also **auch für bloß humanitäre Maßnahmen** verstanden (Arg.: Zweck des Art. 87a GG ist es, die Bundeswehr nicht der Gefahr des innenpolitischen Machtmissbrauchs auszusetzen).
  - Nach überwiegender Auffassung ist unter einem Einsatz jedoch allein die Vorbereitung oder Durchführung von **Gefechts- und Kampfhandlungen** zu verstehen (Arg.: Art. 87a GG möchte allein die militärtypischen Funktionen der Streitkräfte regeln).
- Zum zweiten ist fraglich, ob unter dem **Begriff der Verteidigung** allein die Verteidigung der Bundesrepublik Deutschland oder auch ein vom völkerrechtlichen Grundsatz der kollektiven Selbstverteidigung umfasster Einsatz zur Verteidigung eines verbündeten Staates zu verstehen ist.
- Schließlich ist innerhalb der Auffassungen b) und c) nicht ganz klar, wie Art. **24 II GG zu Art. 87a II GG im Verhältnis** steht. Während Art. 24 II GG teilweise als ausdrückliche Ermächtigung i.S.v. Art. 87a II GG angesehen wird, ist das BVerfG der Auffassung, dass Art. 24 II GG eine Art. 87a GG verdrängende Spezialregelung sei. Dieser Streit ist jedoch rein dogmatischer Natur und hat keine Auswirkungen auf die praktischen Ergebnisse.
- Liegt ein **UN-Mandat** vor, so ist der Einsatz der Bundeswehr nach allen Auffassungen zulässig. Dies gilt unabhängig davon, ob die Bundesrepublik im Rahmen eines konzertierten NATO-Einsatzes oder allein handelt.
- Eine **Grenze** zulässiger Auslandseinsätze ist wegen Art. 25 GG in jedem Fall dort zu ziehen, wo das **völkerrechtliche Gewaltverbot** verletzt wird.

Literatur: *Epping*, in: Epping/Hillgruber (Hrsg.), BeckOK Grundgesetz, 59. Ed. 2024, Art. 87a, Rn. 19 ff.

75 Verhältnis von Art. 23 I Satz 2 zu Satz 3 GG

Gemäß Art. 23 I 2 GG kann der Bund Hoheitsrechte durch einfaches Bundesgesetz auf die Europäische Union übertragen. Für alle **verfassungsändernden** Umgestaltungen der Unionsverträge sieht S. 3 dieser Vorschrift das Erfordernis einer ⅔-Mehrheit in Bundestag und Bundesrat vor. Fraglich ist jedoch,

Streitstand ⇨ **ob nicht in jeder Hoheitsübertragung zugleich eine implizite Änderung des Grundgesetzes zu sehen ist und Art. 23 I 2 GG somit kein Anwendungsbereich mehr verbleibt.**

a) Verdrängungslösung

Teilweise wird vertreten, dass Art. 23 I 2 GG von S. 3 **vollständig verdrängt** werde. Das hätte zur Folge, dass jede Änderung der Unionsverträge mit ⅔-Mehrheit in Bundestag und Bundesrat beschlossen werden müsste.

Argument:

- Eine Übertragung von Hoheitsrechten **bewirkt stets eine materielle Verfassungsänderung** und fällt damit immer unter S. 3. Dass Art. 23 I 2 GG insofern kein Anwendungsbereich mehr verbleibt, ist hinzunehmen.

b) Restriktive Auslegung von Art. 23 I 3 GG

Überwiegend wird **Art. 23 I 3 GG restriktiv ausgelegt**, wonach nicht in jeder Übertragung von Hoheitsrechten eine Verfassungsänderung zu sehen ist.

Argumente:

- Bei einer extensiven Auslegung von S. 3 liefe S. 2 leer, was vom Gesetzgeber so nicht gewollt worden sein kann (Stichwort: ***Systematik***)
- Auch **Art. 24 GG** lässt eine Übertragung von Hoheitsrechten durch einfaches Bundesgesetz zu; dann muss dies **erst recht** für die sich auf einem **höheren Integrationsniveau** befindende Europäische Union gelten.

Hinweis

Unter den Befürwortern einer restriktiven Auslegung ist umstritten, wie die Einschränkung genau zu konkretisieren sei. So wird etwa vorgeschlagen, dass S. 3 nur dann Anwendung finden solle, wenn über die Übertragung von Hoheitsrechten hinaus Verfassungsinhalte betroffen seien. Ein anderer Ansatz stellt auf die Unmittelbarkeit der Grundgesetzänderung ab.

76 „Maßgeblich berücksichtigen“ i.S.v. Art. 23 V 2 GG

Sind bei Entscheidungen innerhalb europäischer Organe die Zuständigkeiten der Länder betroffen, gewährt Art. 23 V GG diesen ein Beteiligungsrecht über den Bundesrat. Handelt es sich im Schwerpunkt um eine Gesetzgebungskompetenz der Länder, ist die Auffassung des Bundesrates sogar „maßgeblich zu berücksichtigen“. Unklar ist jedoch,

Streitstand ⇨ **ob mit dieser Formulierung ein Letztentscheidungsrecht des Bundesrates begründet wird.**

a) Letztentscheidungsrecht des Bundesrates

Teilweise wird vertreten, dass eine maßgebliche Berücksichtigung nur dann erfolge, wenn dem Bundesrat das **Letztentscheidungsrecht** eingeräumt werde.

Argument:

- Nach **§ 5 II 5 EUZBLG** kann sich der Bundesrat durch einen Beharrungsbeschluss durchsetzen. Die Vorschrift **konkretisiert** in verfassungskonformer Weise Art. 23 V 2 GG.

b) Kein Letztentscheidungsrecht

Die überwiegende Auffassung **lehnt** ein Letztentscheidungsrecht des Bundesrates jedoch **ab**.

Argumente:

- Art. 23 V 2 GG verpflichtet die Bundesregierung nur zur „**Berücksichtigung**“ der Auffassung des Bundesrates. Die Annahme einer strikten Bindung ist mit diesem Wortlaut unvereinbar. (Stichwort: ***Wortlaut: keine strikte Bindung***)
- Das EUZBLG ist als **rangniedere Norm** nicht in der Lage, den Verfassungstext zu modifizieren. Vielmehr muss § 5 II 5 EUZBLG verfassungskonform dahingehend ausgelegt werden, dass „maßgebend“ **nicht strikt** bindend bedeutet. (Stichwort: ***Normenhierarchie***)

Hinweis

Ebenfalls umstritten ist, ob **Gegenstände der konkurrierenden Gesetzgebung** unter die Gesetzgebungsbefugnisse der Länder i.S.v. Art. 23 V 2 GG fallen, wenn der Bund zwar eine Gesetzgebungskompetenz hat, von dieser aber noch keinen Gebrauch gemacht hat (vgl. Art. 72 I GG).

77 Innerstaatlicher Rang völkerrechtlichen Gewohnheitsrechts

Nach der in der Bundesrepublik vorwiegend vertretenen sogenannten **dualistischen Theorie** stehen sich Völkerrecht und nationales Recht als zwei getrennte Rechtskreise gegenüber. Das Völkerrecht wirkt innerstaatlich nur, wenn seine Anwendung durch innerstaatliche Normen ausdrücklich vorgesehen ist. Folglich muss die Verletzung einer völkerrechtlichen Norm durch staatliche Organe nicht zwangsläufig zugleich auch innerstaatliches Recht verletzen.
Die beiden Hauptrechtsquellen des Völkerrechts sind völkerrechtliche Verträge und **Völkergewohnheitsrecht**. Letzteres ist gemäß Art. 25 GG automatischer Bestandteil des Bundesrechts und steht im Rang zumindest über einfachen Bundesgesetzen. Umstritten ist allerdings

Streitstand ⇨ **das Verhältnis völkergewohnheitsrechtlicher Rechtsätze zum Verfassungsrecht.**

a) Verfassungsrang des Gewohnheitsrechts

In der Literatur wird dem Völkergewohnheitsrecht teilweise **Verfassungsrang** oder gar ein Rang über der Verfassung zugestanden.

Argument:

- Unter Gesetzen i.S.v. Art. 25 GG ist auch das Grundgesetz zu verstehen. Im parlamentarischen Rat ist diese Formulierung gewählt worden, um das Völkergewohnheitsrecht der Disposition des verfassungsändernden Gesetzgebers zu entziehen (Stichwort: ***historische Auslegung***)

b) Stellung zwischen Verfassung und einfachen Gesetzen

Nach überwiegender Auffassung steht das Völkergewohnheitsrecht in seinem Rang **zwischen Grundgesetz und einfachem Bundesrecht**.

Argumente:

- Dem Völkergewohnheitsrecht kann **kein Überverfassungsrang** zugebilligt werden, da die **Verfassung** selbst *per definitionem* die **höchste Norm** ist. (Stichwort: ***kein Überverfassungsrecht***)

- Auch kann dem Gewohnheitsrecht kein Verfassungsrang zukommen, da alle Normen mit Verfassungsrang gemäß **Art. 79 I 1 GG** im Grundgesetz ausdrücklich aufgeführt sein müssen. (Stichwort: ***Art. 79 I 1***)

c) Differenzierende Auffassung

Eine im Vordringen begriffene Auffassung differenziert zwischen den dispositiven und den **zwingenden Regeln des Völkerrechts** (*ius cogens*). Letztere stünden über der Verfassung; ersteren wird demgegenüber zumeist ein Rang zwischen Verfassung und einfachem Recht zugestanden.

Argument:

- Die Regeln des ***ius cogens*** sind der Disposition der einzelnen Staaten grundsätzlich entzogen. Sie gehören zum Recht i.S.v. Art. 20 III GG, dessen Änderung gemäß Art. 79 III GG selbst dem verfassungsändernden Gesetzgeber verwehrt ist.

Hinweise

- Innerhalb der Auffassung c) ist umstritten, ob den **dispositiven Regeln** des Völkerrechts Überverfassungsrang, Verfassungsrang oder lediglich ein Rang zwischen Verfassung und einfachem Recht zukommt.
- Bei **Völkervertragsrecht** hängt der innerstaatliche Rang von der Rechtsnatur des Umsetzungsaktes ab. Wird der völkerrechtliche Vertrag durch Gesetz transformiert oder vollzogen, so kommt ihm innerstaatlich einfachgesetzlicher Rang zu. Erfolgt die Umsetzung jedoch – wie bei Verwaltungsabkommen üblich – durch Rechtsverordnung, Verwaltungsvorschrift oder Weisung, hat der Vertrag entsprechenden untergesetzlichen Rang. Das Völkerrecht kann sich in diesen Fällen also innerstaatlich nicht gegen kollidierendes einfaches Gesetzesrecht durchsetzen.
- Eine Sonderstellung nehmen das **EU-Primärrecht** und die auf seiner Grundlage erlassenen Rechtsakte ein. Auch wenn die Begründung im Einzelnen umstritten ist, geht das Europarecht dem nationalen Verfassungsrecht vor. Herrschend ist dabei die Auffassung, die ausgehend von der Vollzugstheorie einen oberhalb der Verfassung stehenden Rechtsanwendungsbefehl annimmt.

Literatur

Herdegen in Dürig/Herzog/Scholz (Hrsg.), 105. EL August 2024, Art. 25, Rn. 88 f. zum Völkergewohnheitsrecht

Dederer, ZaöRV 2023, 671 zum Völkervertragsrecht und zum Völkergewohnheitsrecht

Verfassungs-prozessrecht

Anders als bei der ordentlichen Gerichtsbarkeit (§ 13 GVG) oder der Verwaltungsgerichtsbarkeit (§ 40 I 1 VwGO) wird die Zuständigkeit des Bundesverfassungsgerichts nicht durch eine Generalklausel, sondern nach dem **Enumerationsprinzip** bestimmt. Die Anrufung des Bundesverfassungsgerichts ist nur zulässig, wenn die Zuständigkeit diesem durch Gesetz ausdrücklich zugewiesen ist. Die möglichen Fälle werden **von § 13 BVerfGG abschließend** aufgezählt, wobei es sich zumeist um deklaratorische Übernahmen von bereits durch das Grundgesetz vorgesehenen Zuweisungen handelt (etwa Art. 94 I, 100 I 1 GG). Besteht keine ausdrückliche Zuweisung, ist der Rechtsweg zum Bundesverfassungsgericht selbst dann nicht eröffnet, wenn es sich um eine verfassungsrechtliche Streitigkeit handelt.

Im Rahmen dieses Kapitels werden die wichtigsten Streitfragen im Zusammenhang mit dem Verfassungsprozessrecht behandelt. Das in Examen und Praxis wichtigste Verfahren ist die **Verfassungsbeschwerde**. Staatsorganisationsrechtliche Aufgabenstellungen sind typischerweise prozessual in ein **Organstreitverfahren** eingekleidet. Des Weiteren sollte man die Zulässigkeitsvoraussetzungen der Bund-Länder-Streitigkeit sowie der abstrakten und konkreten Normenkontrolle beherrschen. Seltener ist eine einstweilige Anordnung nach § 32 BVerfGG Gegenstand von Klausuren.

Im Einzelnen:

		Seite
78.	Parteien als Verfassungsorgane	112
79.	Reichweite der Bindungswirkung von § 31 I BVerfGG	113
80.	Meinungsverschiedenheiten und Zweifel i.R.v. § 76 BVerfGG	115
81.	Überprüfung von RVerordnungen des Bundes an einfachem Bundesrecht	116
82.	Subjektiv-rechtliche Natur des Organstreits	118
83.	Landesverfassungsbeschwerde bei Anwendung von Bundesrecht	120

78 Parteien als Verfassungsorgane

Den Parteien wird durch Art. 21 GG eine zentrale Rolle im politischen System der Bundesrepublik zugestanden. Umstritten ist,

Streitstand ⇨ **ob Parteien als Verfassungsorgane zu qualifizieren sind und damit im Organstreitverfahren beteiligt sein können.**

a) Parteienstaatslehre des BVerfG

Insbesondere vom BVerfG wird vertreten, dass die Parteien den **Charakter von Verfassungsorganen** hätten. Sie seien daher im Organstreit **parteifähig**.

Argumente:

- Die Parteien stehen dem Staat nicht mit eigenen Rechten gegenüber, sondern sind **Teil des Verfassungslebens** (Stichwort: ***Sinn und Zweck des Art. 21 GG***).
- Parteien sind zwar keine Staatsorgane, üben jedoch die **Funktionen von Verfassungsorganen** aus, wenn sie bei der politischen Willensbildung des Volkes mitwirken. (Stichwort: ***funktionale Betrachtung***)

b) Parteien keine Verfassungsorgane

Diese Rechtsprechung des BVerfG wird in der Literatur überwiegend **abgelehnt**. Politische Parteien seien in Organstreitverfahren **nicht parteifähig**.

Argumente:

- Parteien wechseln nicht deshalb die „Seite", weil sie an der Willensbildung des Volkes mitwirken. Vielmehr besteht im **Interesse der Offenheit des politischen Willensbildungsprozesses** ein Verbot, die politischen Parteien in die organisierte Staatlichkeit einzufügen. (***Trennung von Staat und Partei***)
- Das BVerfG stützt sich in seiner Begründung auf die Rechtsprechung des Staatsgerichtshofs des Deutschen Reichs. **Damals gab es noch keine Verfassungsbeschwerde**. Diese Rechtsschutzlücke wurde zugunsten der Parteien über den Organstreit geschlossen. **Sie besteht nun nicht mehr**.

Hinweis

Sieht man Parteien mit der herrschenden Lehre nicht als Verfassungsorgane an, haben sie ihre Rechte im Wege der Verfassungsbeschwerde geltend zu machen. Das BVerfG hält, soweit die Parteien durch das Organstreitverfahren ausreichenden Rechtsschutz erlangen, die Verfassungsbeschwerde für unstatthaft.

79 Reichweite der Bindungswirkung von § 31 I BverfGG

Gemäß § 31 I BVerfGG binden die Entscheidungen des BVerfG die gesamte staatliche Gewalt. Seit der zum 28.12.2024 in Kraft getretenen Änderung von Art. 94 GG legt dasselbe auch Art. 94 IV 1 GG fest. In § 31 II BVerfGG wird für einige Entscheidungen sogar angeordnet, dass diese **in Gesetzeskraft erwachsen**. Anerkannt ist, dass Rechts- und Gesetzeskraft von verfassungsrechtlichen Entscheidungen nur deren Tenor betreffen. Umstritten ist jedoch,

Streitstand ⇨ **wie weit die Bindung der Verfassungsorgane durch § 31 I BVerfGG und folglich auch durch Art. 94 IV 1 GG reicht.**

Hinweis: Aufgrund der erst kürzlich in Kraft getretenen Änderung von Art. 94 GG und dem damit einhergehenden Mangel an aktueller Literatur befasst sich dieser Streitstand mit der Reichweite der Bindungswirkung von § 31 I BVerfGG. Es ist davon auszugehen, dass sich dieser Streit auch auf Art. 94 IV 1 GG übertragen lässt. Auch die Gesetzesbegründung bzgl. der Grundgesetzänderung verweist darauf, dass der neue Art. 94 IV 1 GG gegenüber § 31 I BVerfGG **keine sachlichen Änderungen** enthält; die Regelung in der Verfassung sei „systematisch sachgerecht" (s. BT-Drucksache 20/12977, S. 9).

a) These der Tenor-Bindung

In der Literatur wird auch die Bindung der Verfassungsorgane nach § 31 I BVerfGG durch verfassungsrechtliche Entscheidungen überwiegend **auf den Tenor beschränkt**.

Argumente:

- Die tragenden Gründe (***ratio decidendi***) können von den sonstigen Gründen (***obiter dicta***) nicht zuverlässig abgegrenzt werden. Eine sie umfassende Bindungswirkung wäre daher mit erheblicher **Rechtsunsicherheit** verbunden.
- Wenn auch die tragenden Gründe mit Bindungswirkung ausgestattet wären, würden Entscheidungsgründe kanonisiert und das **Verfassungsrecht würde versteinern**. (Stichwort: ***Begründungsvielfalt***)

b) These der Bindung von Tenor und tragenden Gründen

Das BVerfG hält eine Bindungswirkung seiner Entscheidungen hinsichtlich **Tenor und tragender Gründe** für richtig.

Argumente:

- Der Gesetzgeber wollte mit § 31 I BVerfGG die Organe von Bund und Ländern an verfassungsgerichtliche Entscheidungen **über den konkreten Einzelfall hinaus** binden. Die Konkretisierung der Verfassung vollzieht sich aber nicht im Tenor, sondern in den Gründen der Entscheidung. (Stichwort: ***Verallgemeinerbarkeit erst durch tragende Gründe***)
- Eine Versteinerung des Verfassungslebens ist bislang nicht eingetreten und droht auch nicht einzutreten, weil sich die Bindungswirkung nur auf die **tragenden** Gründe und nur auf **gleichgelagerte** Fälle erstreckt. Es bleibt ausreichend Spielraum für Differenzierungsmöglichkeiten und Innovation, zumal das BVerfG selbst nicht der Bindungswirkung des § 31 I BVerfGG unterliegt.
- Würde die Bindungswirkung nach § 31 I BVerfGG nicht über die Entscheidungsformel hinausgehen, wäre die Vorschrift überflüssig. Denn diese Wirkung ergibt sich bereits aus der materiellen Rechtskraft einer jeden gerichtlichen Entscheidung. (Stichwort: ***keine Überflüssigkeit Art. 31 I BVerfGG***)

Hinweise

- Entscheidungen des BVerfG erwachsen sofort in formelle Rechtskraft, da es gegen sie keine Rechtsmittel gibt.
- Umstritten ist ferner, ob aus der Nichtigerklärung einer Norm durch das BVerfG ein Normwiederholungsverbot für den Gesetzgeber folgt, solange sich Sach- und Rechtslage nicht ändern. Dies wird überwiegend abgelehnt.
  - Dafür sprechen die allgemeinen materiellen Rechtskraftwirkungen von Entscheidungen. Wegen der grundgesetzlichen Übertragung von Normkontrollentscheidungen auf das Bundesverfassungsgericht (Art. 94 I GG) wurzele das Normwiederholungsverbot auch in der Verfassung und stehe nicht zur Disposition des Bundesgesetzgebers.
  - Dagegen spricht, dass die bloße Gesetzeskraft von Entscheidungen nach § 31 II BVerfGG den Gesetzgeber wie auch sonst nicht hindere, ein Gesetz aufzuheben oder neu zu erlassen. Denn der Gesetzgeber sei nur an die Verfassung und nicht an das einfache Gesetzesrecht gebunden.

Literatur

Benda/Klein, Verfassungsprozessrecht, 4. Aufl. 2020, Rn. 1484 ff.

80 Meinungsverschiedenheiten und Zweifel i.R.v. § 76 BVerfGG

Der Antragsteller muss bei einer abstrakten Normenkontrolle **antragsbefugt** sein. Nach § 76 I BVerfGG ist dafür erforderlich, dass der Antragsteller die betroffene Rechtsnorm **für nichtig hält**. Eine solche Einschränkung ist dagegen in Art. 94 I Nr. 2 GG nicht enthalten. Daher ist umstritten,

Streitstand ⇨ **ob auch Meinungsverschiedenheit oder Zweifel mit der Vereinbarkeit der betroffenen Rechtsnorm mit höherrangigem Recht die Zulässigkeit des Antrags herbeiführen können.**

a) Verfassungskonforme Konkretisierung

Teilweise – auch vom Bundesverfassungsgericht – wird vertreten, der Antrag sei nur dann zulässig, wenn der Antragsteller die Rechtsnorm **für nichtig halte**.

Argumente:

- Dem Gesetzgeber wird in **Art. 93 V 1 GG** die Befugnis erteilt, die Zulässigkeitsvoraussetzungen für Verfahren vor dem Bundesverfassungsgericht auch abweichend vom Normgehalt des Grundgesetzes festzulegen. (Stichwort: ***Konkretisierungsermächtigung***)
- § 76 BVerfGG **präzisiert** daher in **verfassungskonformer** Weise Art. 94 I Nr. 2 GG.

b) Vorrang der Verfassungsnorm

In der Literatur ist man überwiegend der Auffassung, dass bereits **Meinungsverschiedenheit oder Zweifel** an der Rechtsnorm der Zulässigkeit eines abstrakten Normenkontrollverfahrens vor dem BVerfG nicht entgegenstünden.

Argumente:

- Art. 94 I Nr. 2 GG geht als ranghöheres Recht § 76 BVerfGG vor. (Stichwort: ***Normenhierarchie***)
- Die auf Art. 93 V 1 GG beruhenden Verfahrensregeln können den Normgehalt des Grundgesetzes **nicht** einschränken. Das ist nur i.R. des Vorbehalts nach Art. 93 V 2 GG bei Verfassungsbeschwerden möglich. Ein solcher Vorbehalt fehlt jedoch bei Art. 93 V 1 GG gerade. (Stichwort: ***Einschränkungsvorbehalt nur für Verfassungsbeschwerden***)

Literatur: *Winkler*, NVwZ 1999, 1291; *Brunner*, JA 2014, 838

81 Überprüfung von Rechtsverordnungen des Bundes an einfachem Bundesrecht

Untergesetzliche Rechtsnormen müssen wegen des Grundsatzes vom Vorrang des Gesetzes nicht nur mit der Verfassung, sondern auch mit dem gesamten einfachen Gesetzesrecht, insbesondere ihrer Ermächtigungsgrundlage, in Einklang stehen. Im Rahmen der abstrakten Normenkontrolle prüft das BVerfG gemäß Art. 94 I Nr. 2 GG jedenfalls die Vereinbarkeit von Satzungen und Rechtsverordnungen **mit der Verfassung**. § 76 Nr. 1 BVerfGG sieht zudem vor, dass die **Vereinbarkeit mit „dem sonstigen Bundesrecht" zu überprüfen** sei. Jedoch ist fraglich, ob

Streitstand ⇨ **diese Anordnung – Überprüfung der Vereinbarkeit mit Bundesrecht – verfassungskonform ist.**

a) These vom weiten Prüfungsmaßstab

Teilweise wird **einfaches Bundesrecht** als Prüfungsmaßstab anerkannt.

Argumente:

- Der **Wortlaut** von **§ 76 I Nr. 1 BVerfGG** schreibt die Überprüfung an höherrangigem einfachen Bundesrecht ausdrücklich vor.
- Verstöße von untergesetzlichen Normen gegen höherrangiges einfaches Bundesrecht verletzen das **Prinzip des Gesetzesvorrangs**, Art. 20 III GG. Damit bedingen sie immer auch einen Verstoß gegen die Verfassung. § 76 I Nr. 1 BVerfGG hat insofern nur klarstellende Funktion. (Stichwort: ***mittelbare Verfassungsverletzung***)
- Die Kontrollkompetenz folgt auch aus der Aufgabe des BVerfG, den grundgesetzlich angeordneten Stufenaufbau der Rechtsordnung zu überprüfen.

b) These vom grundgesetzlichen Prüfungsmaßstab

Überwiegend ist man der Auffassung, dass das BVerfG nur das **Grundgesetz** als Prüfungsmaßstab heranziehen dürfe.

Argumente:

- Der Wortlaut von Art. 94 I Nr. 2 GG schränkt die Überprüfung auf die Vereinbarkeit mit dem Grundgesetz ein. Diese Norm geht § 76 I Nr. 1 BVerfGG vor. (Stichwort: ***Normenhierarchie***)

- Das Vorrangprinzip ist nicht Prüfungsmaßstab der abstrakten Normenkontrolle, sondern nur Art. 80 I 1, 2 GG. Sonstige Verstöße gegen einfaches Bundesrecht müssen der **fachgerichtlichen Entscheidung** vorbehalten bleiben. (Stichwort: ***Vorrang fachgerichtlicher Entscheidung***)
- Das BVerfG ist auch nur auf Entscheidungen über **Verfassungsrecht spezialisiert**.

c) Vorfragen-Lösung

Das BVerfG ist der Auffassung, dass nur die Vereinbarkeit mit dem Grundgesetz, nicht hingegen die Frage, ob der Verordnungsinhalt von der in Anspruch genommenen Ermächtigungsgrundlage gedeckt werde, Prüfungsgegenstand sei. Jedoch habe es die Vereinbarkeit des Inhalts der jeweiligen Rechtsverordnung mit der einfachrechtlichen Ermächtigungsgrundlage als **Vorfrage** zu klären.

Argumente:

- Für die Prüfung, ob die Verordnung mit dem Grundgesetz übereinstimmt, bedarf es **eines gültigen Kontrollgegenstandes**. Dieser liegt nur vor, wenn die untergesetzliche Vorschrift mit sonstigem Bundesrecht übereinstimmt.
- Die Notwendigkeit der Vorfragenprüfung im abstrakten Normenkontrollverfahren ergibt sich daraus, dass anders als im Normenkontrollverfahren nach Art. 100 I GG ein anderes für diese Entscheidung zuständiges Organ nicht vorhanden ist. (Stichwort: ***kein anderes Kontrollorgan***)

Literatur

Rozek, in: Schmidt-Bleibtreu/Klein/Bethge (Hrsg.), Bundesverfassungsgerichtsgesetz, 63. EL Juni 2023, § 76, Rn. 62 ff.

82 Subjektiv-rechtliche Natur des Organstreits

Gemäß § 64 I BVerfGG setzt die Zulässigkeit eines Organstreits voraus, dass der Antragsteller die Verletzung oder Gefährdung **eigener** Rechte und Pflichten geltend macht. Für die Begründetheit eines Organstreits fordert § 67 BVerfGG lediglich die Verfassungswidrigkeit der angegriffenen Maßnahme. Umstritten ist,

Streitstand ⇨ **ob hier zusätzlich die Verletzung eines subjektiven Organrechts erforderlich ist.**

a) Subjektives Recht erforderlich

Teilweise wird vertreten, dass § 67 BVerfGG korrigierend dahingehend auszulegen sei, dass auch im Rahmen der Begründetheit die **Verletzung eines subjektiven Rechts** gefordert werde.

Argument:

- Das Organstreitverfahren dient ausweislich des § 64 I BVerfGG nur dem Schutz von Rechten der Staatsorgane untereinander, **nicht jedoch einer allgemeinen Verfassungsaufsicht**.

b) Vollständige Kontrolle bei einheitlicher Maßnahme

Dagegen vertritt das BVerfG in seiner neueren Rechtsprechung, dass bei Bestehen eines sachlichen Zusammenhangs eine Maßnahme auch dann **vollständig auf ihre Verfassungsmäßigkeit zu überprüfen sei**, wenn diese nur teilweise subjektive Rechte des klagenden Organs betreffe.

Argumente:

- Der Wortlaut des **§ 67 BVerfGG** sieht keine entsprechende Begrenzung vor.
- Das Kompetenzgefüge der unterschiedlichen Organe hat einen objektiven Zweck, die Aufrechterhaltung eines **Systems gegenseitiger Kontrolle**. Daher hat auch das Organstreitverfahren im Endeffekt ein objektiv-rechtliches Ziel. (Stichwort: ***Kontrollzweck = objektiv***)

Hinweise

- Praktische Relevanz erlangt dieses Problem etwa bei der Frage, ob in Verfahren, in denen ein Organ die Verletzung seiner Zuständigkeit geltend macht, auch die Prüfung der materiellen Verfassungsmäßigkeit der entsprechenden Maßnahme statthaft ist.

- So ist etwa ein Antrag der PDS-Fraktion auf Überprüfung der Rechtmäßigkeit des **Einsatzes der Bundeswehr** im Kosovo im Wege des Organstreits als unzulässig verworfen worden, da die Fraktion keine Verletzung eines eigenen Rechts des Bundestages, für den sie in **Prozessstandschaft** auftrat, geltend machen konnte. Ein ähnlicher Antrag der FDP-Fraktion war jedoch einige Jahre zuvor zugelassen worden, da die FDP gleichzeitig die Verletzung eines Beteiligungsrechtes des Parlaments gerügt hatte. Auch hier konnte der Auslandseinsatz der Bundeswehr kein eigenes Recht des Bundestages verletzen. Da jedoch gleichzeitig die Verletzung eines parlamentarischen Beteiligungsrechts gerügt worden war und dieses in sachlichem **Zusammenhang zum Auslandseinsatz** stand, hat das BVerfG auch dessen materielle Rechtmäßigkeit einer Prüfung unterzogen.

Literatur

Benda/Klein, Verfassungsprozessrecht, 4. Aufl. 2020, Rn. 1015 ff.

83 Landesverfassungsbeschwerde bei Anwendung von Bundesrecht

Wendet eine Landesbehörde Bundesrecht **zutreffend** an, so kann ihr wegen Art. 31 GG nicht entgegengehalten werden, dass sie damit Landesgrundrechte verletze. Umstritten ist jedoch,

Streitstand ⇨ **ob eine fehlerhafte Anwendung von Bundesrecht vor den Landesverfassungsgerichten geltend gemacht werden kann.**

a) Unzulässigkeitslösung

Teilweise – u.a. vom bayerischen VerfGH – wird vertreten, dass eine Überprüfung der Anwendung von Bundesrecht durch das Landesverfassungsgericht bereits **unzulässig** sei.

Argumente:

- Das Bundesrecht hat gemäß **Art. 31 GG Vorrang** vor jedem Landesrecht und ist somit einer Überprüfung anhand landesrechtlicher Vorschriften grundsätzlich nicht zugänglich. (Stichwort: ***Normenhierarchie***)
- Die Verfassungsgerichtsbarkeit ist **keine Superrevisionsinstanz** und kann daher nicht jede Maßnahme auf ihre Rechtmäßigkeit überprüfen. Das wäre jedoch notwendig, um überhaupt festzustellen, ob die Maßnahme mit Bundesrecht vereinbar ist und sich damit innerhalb des Kompetenzrahmens des Bundes bewegt.

b) Überprüfbarkeitslösung

Die Gegenauffassung hält eine Überprüfung der Anwendung von Bundesrecht dagegen grundsätzlich für **zulässig**. Sei das Bundesrecht korrekt angewandt worden, sei die Verfassungsbeschwerde lediglich unbegründet.

Argument:

- Der durch Art. 31 GG postulierte Vorrang gilt nur, soweit die Anwendung des Bundesrechts sich innerhalb seines Kompetenzrahmens bewegt. Eine fehlerhafte Anwendung ist jedoch von vornherein eine **Kompetenzüberschreitung**, so dass Art. 31 GG einer Überprüfung fehlerhafter Maßnahmen an der Landesverfassung nicht entgegensteht.

Literatur: *Dreier*, in: Dreier (Hrsg.), Grundgesetz-Kommentar, 3. Aufl. 2018, Art. 142, Rn. 77

Problemindex

Seite

ALLGEMEINE GRUNDRECHTSLEHREN 1

1 Privatwirkung der Grundrechte 2
2 Geltung der Deutschen-Grundrechte für EU-Ausländer 3
3 Grundrechtsberechtigung von Personen des öffentlichen Rechts 4
4 Taugliches Verfassungsrecht zur Begrenzung von Grundrechten 6
5 Faktische Grundrechtseingriffe 7
6 Anwendbarkeit des Zitiergebots 8
7 Inhalt der Wesensgehaltsgarantie 10
8 Rechte zukünftiger Generationen 11

BESONDERE GRUNDRECHTSLEHREN 13

9 Menschenwürdeschutz vor der Geburt 15
10 Inhalt der Menschenwürde 17
11 Einschränkbarkeit der Menschenwürde 18
12 Zulässigkeit des Verzichts auf den Menschenwürdeschutz 19
13 Zulässigkeit positiver Diskriminierungen 20
14 Einschränkbarkeit der Religionsfreiheit 21
15 Tatsachenbehauptung als Meinungsäußerung 22
16 Schutzbereichsbeschränkungen der Kunstfreiheit 23
17 Gemeinsamer Zweck der Versammlung 24
18 Vereinigungsfreiheit für öffentlich-rechtliche Zwangsvereinigungen 25
19 Schutz der Ausreise durch Freizügigkeit 26
20 Verbotene Tätigkeit als Beruf 27
21 Schutz von Betriebs- und Geschäftsräumen durch Art. 13 GG 28
22 Eingerichteter und ausgeübter Gewerbebetrieb 29
23 Schutz des Vermögens durch Art. 14 GG 30
24 Rechtsschutzgarantie gegen Legislativakte 31

VERFASSUNGSGRUNDSÄTZE 32

25 Demokratieprinzip des Grundgesetzes 34
26 Volksbegriff i.S.v. Art 20 II GG 35
27 Volksabstimmungen auf Bundesebene 37
28 Gesetzesvorbehalt bei staatlichen Leistungen 39
29 Sozialstaatsprinzip als Anspruchsgrundlage 41

WAHLEN UND PARTEIEN 42

30 Kommunale Wählervereinigungen als Parteien i.S.v. Art. 21 GG 44
31 Frauenquoten bei Aufstellung von Landeslisten 46
32 Parteiausschluss und Listenplatz 47
33 Sperrklauseln bei Kommunalwahlen 48
34 Ausnahme von Zweitstimmendeckung für unabhängige Wahlkreissieger 50
35 Mandatsverlust bei Fraktionsaustritt 51
36 Mandatsverlust gemäß Art. 21 II GG 53

ORGANE DES BUNDES 54

37 Justitiabilität von Immunitätsentscheidungen 55
38 Gleichzeitige Mitgliedschaft in Bundestag und Bundesrat 56
39 Anforderungen an Auflösungslage des Bundestages i.S.v. Art. 68 GG 57
40 Kopplung von Vertrauens- und Sachfrage i.R.v. Art. 68 GG 58
41 Gesetzesinitiative einzelner Bundestagsabgeordneter 59
42 Stimmrecht fraktionsloser Abgeordneter in Ausschüssen 60
43 Zulässigkeit von Funktionszulagen bei Alimentierung der Abgeordneten 61
44 Folgen offensichtlicher Beschlussunfähigkeit des Bundestages 63
45 Grenzen der Zulässigkeit von Untersuchungsausschüssen 64
46 Wahl des Bundeskanzlers ohne vorherigen Vorschlag des BPräsidenten ... 65
47 Bindungswirkung von Koalitionsvereinbarungen 67
48 Anforderungen an einen Verordnungserlass im Umlaufverfahren 68
49 Uneinheitliche Stimmabgabe im Bundesrat 70
50 Verhältnis des Kollegialprinzips zur Richtlinienkompetenz des BKanzlers ... 72
51 Gegenzeichnungspflicht für sonstige Amtshandlungen des BPräs. 73

STAATSFUNKTIONEN UND KOMPETENZVERTEILUNG 74

52 Auslegung von Art. 72 II GG 76
53 Umgehung des ersten Durchgangs beim Bundesrat 77
54 Outsourcing von Gesetzesentwürfen 78
55 Zustimmungsbedürftigkeit bei teilweise zustimmungsbedürftigen Regelungen 80
56 Zustimmungsbedürftigkeit von Änderungsgesetzen 82
57 Grenzen der Änderungsbefugnisse des Vermittlungsausschusses 83
58 Prüfungsrecht des Bundespräsidenten 84
59 Prüfungsrecht des BPräsidenten bei der Ernennung von Bundesministern. 86
60 Relevanz des Veranlagungszeitraums bei Rückwirkungen von SteuerG 87
61 Änderung von Verordnungen durch den Bundestag 88
62 Weitergeltung von Rechtsverordnungen nach Wegfall der Ermächtigung ... 89
63 Verhältnis von Art. 80 I GG zur Wesentlichkeitstheorie 90
64 Organisationsrechtlicher Wesentlichkeitsvorbehalt 91
65 Privatisierung von Verwaltungsaufgaben 93

66 Allgemeine Weisungen und Art. 85 III GG 94
67 Rechtsnatur der Weisung i.S.v. Art. 85 III GG... 95
68 Eingriff in Wahrnehmungskompetenz durch informales VerwHandeln 97
69 Erforderlichkeitsklausel bei Errichtung Bundesbehörden (Art. 87 III GG)..... 98
70 Verhältnis von Art. 72 III GG und Art. 87 III GG 99
71 Gesetzgebungskompetenz bei Lenkungssteuern 100

GRUNDGESETZ UND AUSWÄRTIGE GEWALT 101

72 Zuständigkeit zur Ausübung der auswärtigen Gewalt 102
73 Zustimmung des Bundestags bei Bundeswehreinsätzen........................... 103
74 Materielle Verfassungsmäßigkeit v. Auslandseinsätzen der Bundeswehr . 105
75 Verhältnis von Art. 23 I S. 2 zu S. 3 GG 107
76 „Maßgeblich berücksichtigen" i.S.v. Art. 23 V 2 GG 108
77 Innerstaatlicher Rang völkerrechtlichen Gewohnheitsrechts...................... 109

VERFASSUNGSPROZESSRECHT 111

78 Parteien als Verfassungsorgane 112
79 Reichweite der Bindungswirkung von § 31 I BverfGG 113
80 Meinungsverschiedenheiten und Zweifel i.R.v. § 76 BVerfGG.................. 115
81 Überprüfung von RVerordnungen des Bundes an einfachem BRecht 116
82 Subjektiv-rechtliche Natur des Organstreits 118
83 Landesverfassungsbeschwerde bei Anwendung von Bundesrecht 120

Stichwortverzeichnis

A

Allgemeine Weisungen 94
Änderungsgesetze 82
Ausreisefreiheit 26

B

Berufsfreiheit 27
Beschlussfähigkeit des Bundestages 63
Blockade des Bundestages 66
Bundesverwaltungskompetenz 99
Bundeswehreinsätze 103, 105

C

Chancengleichheit 546

D

Demokratieprinzip 34
Direktmandate 50
Diskriminierungen 20
Drittwirkung 2

E

Einreisefreiheit 26
Einzelweisung 94
Erforderlichkeitsklausel 98
Errichtung von Bundesbehörden 98
EU-Ausländer 3

F

Fair Trial 32
Faktischer Grundrechtseingriff 7
Frauenquoten 46
Funktionszulagen 61

G

Gegenzeichnungspflicht 73
Geschäftsräume 28
Gesetzesinitiative 59, 78
Gesetzeskraft 113
Gewerbebetrieb 29
Gleichberechtigung 20

I

Inkompatibilitätstheorie 56

J

Juristische Personen 4

K

Kanzlerdemokratie 72
Kollegialprinzip 72
Kommunale Wählervereinigungen 44
Kunstfreiheit 23

L

Landesverfassungsbeschwerde 120
Legislativakte 31
Legitimationskette 32, 34
Letztentscheidungsrecht des Bundesrates 108

M

Materiellrechtliche Verstärkung 3
Meinungsäußerung 22
Menschenwürde 15 ff.
Mindestteilnehmerzahl 24
Mitgliedschaft 56

N

Nachrücken eines Listenkandidaten 547
Nasciturus 15

O

Objektformel 17
Organisationsrechtlicher
Wesentlichkeitsvorbehalt 91
Organstreit 112, 118
Outsourcing 78
Out-of-Area-Einsätze 106

P

Parlamentsheer 103
Parteiausschluss 547
Parteien als Verfassungsorgane 112
Privatisierung 93
Privatwirkung 2
Prüfungsrecht des
Bundespräsidenten 84 ff.

R

Rathausparteien 44
Rechtsschutzgarantie 31
Religionsfreiheit 21
Richtlinienkompetenz 72
Rumpfgesetzgebung 81

S

Schutzpflichtenlehre 2
Selbstauflösungsrecht 57
Sozialstaatsprinzip 41
Sperrklauseln 48
Staatsangehörigkeit 35 f.
Stimmführer 70
Stimmrecht Fraktionsloser 60
Subventionen 40

T

Tatsachenäußerungen 22
Totalvorbehalt 39

U

Untersuchungsausschüsse 64

V

Vereinigungsfreiheit 25
Vermittlungsausschuss 83
Vermögen 30
Versammlung 24
Vertrauensfrage 58
Völkergewohnheitsrecht 109
Volksabstimmungen 37
Volksbegriff 35
Vorbehaltlose Grundrechte 6

W

Wahl des Bundeskanzlers 65
Wahrnehmungskompetenz 95, 97
Warnungen 7
Weisung 71, 94 ff.
Weitergeltung von
Rechtsverordnungen 89
Wesensgehalt 9
Wohnungsbegriff 28

Z

Zitiergebot 8
Zukünftige Generationen 11
Zustimmungsbedürftigkeit 80 ff.
Zwangsinkorporationen 25
Zweitstimmendeckung 50